MENSA、ISI、HELLIQに所属する

天才のパターン思考

Think Like a Genius

2時間で知能が高まる「思考の技術」

医学博士
青木聡
Satoshi Aoki

ダイヤモンド社

はじめに

やりたいことをすべて、即断即決で実現するための「天才の思考法」

みなさんは、「頭がいい」人と聞いて、どんなイメージを持つでしょうか。

知識が豊富な人、成績が優秀な人、考え方が柔軟な人、斬新なアイデアを出せる人、うまく立ち回れる人、頭の回転が速い人など、さまざまかもしれません。

一般的に「頭がいい」とされる人の多くに共通している特徴があります。

それは、「知能」が高いということです。

知能を「比べる」には、数値化する必要があるので、知能指数（ＩＱ）という指標が使われます。ＩＱは、１００を平均値としており、ＩＱが１３０を超える人は、いわゆる天才と呼ばれます。

私は、次の高ＩＱ団体に所属しています。

- MENSA（ＩＱ１３０以上、人口の上位２％の知能を持つ人の国際交流グループ）
- ISI-Society（ＩＱ１４８以上、かつクリエイティブな人のためのグループ）

・HELLIQ Society（IQ160以上、3万人に1人の知能を持つ人が集うグループ）

これだけ見ると、いかにもすごそうに感じるかもしれませんが、私は自分のことを「天才」だとは思っていません。本当の意味での「天才」とは、世界を変えるような成果を残した人のみを指すと思うからです。私のIQが普通より高いことだけが事実です。

では、テストで測られるIQの正体とはいったい何でしょうか。
おそらく、みなさんも1回は見たことがあるかもしれませんが、IQは、並んだ図形や文字から規則性を見つけるタイプの問題で測られます。
かんたんな例題を1つ出しますね。

例題：「○×□、×□○、□○×、?×□」の「?」に何が入るか？

こうした問題で求められているのは、各項目の関係を成立させるもっとも自然な「?」を導き出すことです。
この例で言えば、「○×□」「×□○」「□○×」という具体的な項目から、「1つずつずれる」という特徴を見つけ出し、それを共通ルール（共通点）として、未知の「？・×□」にもあてはめられないかを考えるのです。

ですから、答えは「○」です。

ＩＱテストにおける「正答率の低い問題」とは、共通ルール（共通点）を見つけるのが難しい問題のことです。つまり、テストの結果がいい人（ＩＱが高い人）は、**「共通点を見つける能力」に優れている**ことになります。

そう考えると、その**能力を鍛えることによって、知能は意図的に高められる**可能性があるのです。

「共通点を見つける能力」とは、簡単に言うとパターン認識能力のことです。たとえば、友だちの妹とすれ違ったときに、「あ、似ている」と、友だちの顔が脳裏に浮かぶことがあるかと思います。どこか似ていると感じるのは、共通する特徴（共通点）を無意識に読みとっているからです。これと同じことを、どんな場面でも行えるようになれば、情報処理能力が圧倒的にアップします。

では、どうしたら、「共通点を見つける能力」を鍛えることができるのでしょうか。
かのアルバート・アインシュタインは、こう言いました。
「何かを学ぶためには、自分で体験する以上にいい方法はない」と。

本書では、「ものの考え方」や「方法論」など、43の思考法を紹介しています。それらを通じて、高ＩＱ団体に所属するような人間が感じている世界を、追体験してもらえればと思います。

私自身、最初からすべてを実践できていたわけではありません。ほかの人とは違う能力があると感じながらも、自分が何者かわからず、思い悩んだ時期もありました。

今でこそ、医師という、人と関わる仕事に就いていますが、以前は周囲とのコミュニケーションがうまくいかず、苦労したものです。自分がやりたいことも、なかなかできませんでした。

自分のＩＱが高いことを知り、「共通点を見つける能力」を自在に操ることを覚えてから、すべてが変わったのです。

「発想の転換」という言葉がありますが、本書を読めば、考え方そのものが変わるはずです。

・凡人が試行錯誤しているなか、天才は時間をかけずに成功法を導き出す。
・凡人がようやくたどり着いた答えに、天才はあっという間に到達してしまう。
・凡人が一生懸命説得している横で、天才はサクッと希望を叶える。

そんな現実が待っています。


第1章「問題解決法」では、日常生活で直面するさまざまな問題を解決するためのアプローチの仕方を解説しています。目の前に立ちはだかる壁を越えるための方法です。

第2章「目標達成法」は、やりたいことを実現させるための立ち回り方です。自分と相手の感情をコントロールできれば、目標が達成しやすくなります。

第3章「時間術」では、私が行っている時間短縮のテクニックを紹介しています。スピード感は職場環境を好転させます。

第4章「仕事術」では、他人が関わる状況で、どうやって自分の希望を叶えるのかを説明しています。自分に都合のいい状況を作り出すのです。

最後の第5章「思考の基本」は、私の物事に対する基本的な考え方です。判断や行動の原則にあたるので、第5章から読んでもらってもかまいません。

また、実際に私と同じやり方、考え方で成功している人の事例も随所に散りばめています。

本書が、みなさんの生きる助けになることを願っています。

MENSA、ISI、HELLIQに所属する

天才のパターン思考

2時間で知能が高まる「思考の技術」

目次

第1章

【問題解決法】――手段を用いて、早期に問題を解決する

普通の人は今のやり方を信じて疑わず、頭のいい人は判断基準が明確で変化を恐れない

第2章

【目標達成法】――ムダに競争せずに、目的を実現する

普通の人は周りに振り回され、頭のいい人は人をうまく利用する

第3章
普通の人は型にこだわり、頭のいい人は準備で差をつける
【時間術】——脳を使いこなして、時短を可能にする

第4章

【仕事術】普通の人はその場しのぎでやり取りし、頭のいい人は用意周到な計画で操作する

——自分主導で物事を動かし、表向きはサポートに徹する

第5章 普通の人は無自覚にブレーキを踏み、頭のいい人は貪欲な探究心で満たされている

【思考の基本】——やりたいことを実現するのに迷わない

第1章

普通の人は今のやり方を信じて疑わず、頭のいい人は判断基準が明確で変化を恐れない

【問題解決法】

——手段を用いて、早期に問題を解決する

大人になってからも、判断に迷ったり、行き詰まったりすることがあります。目の前に立ちはだかった「問題」を解決しない限り、先には進めません。効率よく問題を解決するには、「目的」、すなわち「どういう結果にしたいか」をはっきりさせ、最適な手段を考えることが必要です。

問題発生のいちばんの理由を「戦略」ですぐに見つける

凡人 → 問題の本質と関係ない情報に翻弄される
天才 → 問題の本質をすぐに見抜くことができる
メリット → ミスリードされず、根本的原因にたどり着けるようになる

問題をどのように解決したらいいか、なかなか考えがまとまらず、いたずらに時間が経ってしまったことはありませんか。

よく見られるのは、最終的に「どうしたいのか」を見失っていたり、些末なことに翻弄されて足踏みしていたりする状況です。

本質とあまり関係のないことに気を取られるようでは、時間を浪費するばかりで、いつまでも解決策は見つかりません。

問題発生のいちばんの原因となっている理由をすばやく見つけ出し、それを正すことに

エネルギーを集中すべきです。

スムーズな問題解決には、次の2つのことが必要です。

①目的（ゴール）をはっきりさせること

②最適な手段でそれを達成すること

目的については、はじめに「どういう結果にしたいか」を明確にするよう心がけ、目的までの筋道を見失いそうになったら必ずそこに立ち返るようにします。

難しい問題について会議で話し合っている場面を想像してください。進行役がいない場合、話がよく脱線すると思います。議論の終着点が見えていないと、問題の解決に結びつかない情報や意見に気を取られてしまうからです。

結論の出ない不毛な時間を過ごすのを避けるために、誰かがそもそもの目的に戻す必要があります。自分一人で問題を解決するときも同じです。解決策を考え始めるときだけでなく、行き詰まったときや、方針を決定するときにも、本来の目的とずれていないかを考えます。

では、手段はどうでしょうか。**最適な手段を考えるには、根本的原因を発見する必要があります。**根本的原因とは、問題を引き起こしている大もとのことです。

咳をしている患者に、単に咳止めを処方するのでは、表面しか見ていないことになります。咳の原因について考えなくてはいけないのです。風邪なら放っておいても治りますが、肺炎なら抗菌薬が必要です。

根本的原因を見つけるには、これくらい突き詰めて考えなくてはいけません。

▼根本的原因の見つけ方

根本的原因を見つけるにあたって、知っておくべきことがあります。

それは、**「どんなものにでも、ほかのものと共通する性質や特徴を見つけることができる」**ということです。一見、違うもののように思えても、何かしらの共通点によって「束《たば》」にすることができるのです。

たとえば、「白、黒、黄について思うことを述べよ」という小論文のお題があったとします。この3色を見て、みなさんはまず何を思い浮かべますか。単純に赤、緑、青のような「色」と捉える人もいるでしょう。その場合、色彩という意味での「色」という共通点でくくることになるので、「白と黒は無彩色であり、黄は有彩色である」なんて文章を書くかもしれません。

一方、同じ色でも「人間」の肌の色の違いを表していると解釈した場合、おそらくは人種を取り巻く諸問題にまで考察が及ぶでしょう。

どのような共通点でまとめるかは自由なので、どちらが正解ということはありませんが、前者は「色」、後者は「人間」が持つ性質がテーマとなり、内容はまったく異なります。ある共通点で束にするということは、その共通点が持つ性質を、具体的な個々の物事に適用し、ほかと区別できるようにするということです。

日常生活で耳にする**「同じ人間だからわかり合えるはず」「社会人として許されない」「日本人は引っ込み思案だ」**などの表現がいい例です。それぞれ、**「人間」「社会人」「日本人」**という概念でひとまとめにすることで、「〇〇だからこうした性質が当てはまるはずだ」と一般化し、議論しやすくしているのです。

共通点を抜き出す

この考え方がどうして「問題解決」で役に立つかというと、**今までに経験した問題と新たな問題を、何かしらの共通点で束にしてグループ化することで、パターン認識が可能になるから**です。「こういう問題では○○を原因としてまず疑う」と、あらかじめ自分の中にストックしてあるパターンを、解決策を考えるときに応用できるようにするのです。

普段の生活でも、我々はパターン認識を無意識に行っています。いわゆる「ベテランのさじ加減」の正体もパターン認識です。それまでに蓄積された一つひとつの経験から、「こういうときはこうしたほうがいい」とパターンを見つけ出し、微調整をしているのです。

悩みを誰かに相談するときも同じです。それが恋の悩みならば、普通は恋愛経験者を選ぶはずです。相談された側は、自身の経験と照らし合わせてアドバイスをするでしょう。すべての具体的な問題をいちいちゼロから考えていては、切りがありません。**同じ性質を持つものはグループ化して、同じ方法で根本的原因を見つけるのが、「できる人」です。**

難しく考えず、**共通点を抜き出す**、と理解してください。

これは**「戦略」**です。私は状況に応じて使い分けています。落ち葉でどんぐりが見つからないときは箒《ほうき》、砂の中から貝を見つけたいときは篩《ふるい》というような具合で、欲しいものを見つけるのです。

▼戦略で対処法を見い出す

では、よく使う戦略を1つ紹介します。

ここに、AとBという2つのケースがあります。

A：細かいことにこだわる上司にアイデアを承認してもらわなくてはいけない。

B：営業先で、厳しい言葉を使う担当者の信頼を勝ち取りたい。

Aは「身内」、Bは「営業先の担当者」が相手です。異なるケースだと思われがちですが、どちらも**「相手の性格」**が共通しています。

性格や感情が絡む問題では、当事者が「望んでいるもの」が本質であることが多いです。

Aの上司は、細かいことにこだわる面倒な相手ですが、突っ込まれるのが嫌だからといって、細部を隠すのはいい手とはいえません。「細かいことまで把握したい」人は、とにかく情報を欲しがります。都合の悪い情報を出さなかったら、よく検討せずにアイデアを出したと思われ、却下されるかもしれません。

仮にその場はうまくやり過ごせても、後から答えにくい、細かい質問をされて、白紙に戻される可能性もあります。こういう相手には、アイデアを実行した場合に想定される問題点と対処法まで説明したほうが、結果的にはスムーズに進みやすいのです。

Bの例でも、担当者が欲しいのは「正確な情報」です。担当者の人間性に問題がない限り、ベストな選択をしたいがために、態度が厳しくなるからです。自社製品を使ってほしい気持ちはわかりますが、厳しい指摘を恐れて製品の欠点をごまかしていては、当然信用を失ってしまいます。

実際、病院を訪れる製薬会社のMR（医薬情報担当者）で、自社製品を「最高の薬」としてプレゼンする人は信頼されません。医師側は、すべての薬には副作用があることを知っていますし、競合製品の優れた点についても情報を持っています。フェアな情報提供を求めているのです。

これらのケースのように、相手が細部にこだわったり、ある程度の知識を持っていたりする場合には、長所だけでなく短所まで含めてプレゼンすることで説得力が増し、かえって信頼してもらえます。心理学では、**「両面提示の法則」**と呼ばれています。

自分なりの方法を確立する

私の考え方と共通していることが多い細谷功氏の著書『具体と抽象』（dZERO）では、このように書かれています。

「具体レベルの個別事象を、一つ一つバラバラに見ていては無限の時間がかかるばかりか、一切の応用が利きません。一般に『法則』とは、多数のものに一律の公式を適用でき、それによって圧倒的に効率的に考えることを可能にするものです」

実用書やビジネス書を読むという行為も、他者の方法を知識としてストックし、自分の日常生活に当てはめることを目指す作業にほかなりません。すべてを自分で経験しようとしたら無限の時間がかかるところを、本を読むことで短縮するわけです。一般的に、「役に立つ本」とは、読み手の知りたいことと書き手の伝えたいことが一致（共通）していて、読み手がその方法を、自分の生活に適用できるような本のことです。

一見、異なる事象でも、共通点はあります。

自分がよく遭遇するパターンについては、無意識のうちに戦略ができあがっていきますが、それだけでは限界があります。経験の少ない問題に対処するには、共通点を見つける意識を常に持ち、本や成功者から情報を集めて、戦略をブラッシュアップし、時に追加していくことも求められます。

戦略があれば、未知の問題も恐れるに足らないのです。

自分の基準を持って、「2択」で詰める

凡人 → 自分の基準がないため判断が遅い

天才 → 基準を用意しているため判断が早い

メリット → 余計な情報に流されず、スマートに決断できるようになる

上司から何かを打診され、引き受けるか否か迷ったことはないでしょうか。日常業務の9割以上は、拒否することのできない案件ですが、自分に裁量権のある仕事で結果を出すことができれば、モチベーションアップや評価向上につながります。

自分がやると決めた仕事がうまくいくと、ほかの業務にもいい影響が出ます。自信につながり仕事が楽しくなるからです。

自由な社風で有名なGoogleでは、各自が興味のあるサイドプロジェクトに使える自由時間を与えられており、それがGmailなど人気コンテンツの誕生につながったといわれ

ています。

判断基準を設ける

もちろん、成果を出すには、「どれを選ぶか」「何をするか」といった判断の精度を上げなくてはいけません。また、通常業務もあるわけですから、迷うことで時間をムダにするのも避けたいところです。スピード感を持って、正確に判断しなくてはいけないのです。

成功を収めた経営者たちは、判断の軸を持っています。一般社団法人新経済連盟が主催する「KANSAI SUMMIT 2016」において、楽天株式会社代表取締役会長兼社長の三木谷浩史氏、株式会社サイバーエージェント代表取締役社長の藤田晋氏が、それぞれ明確な判断基準を持っていることを明かしています。藤田氏は、その基準に基づいて、大事な決断も、息をするように「一瞬で決めている」そうです。

慎重派な私は、「時間をかけずに失敗しない方法はないか」と、考えてきました。その結果、5つの項目からなるチェックリストを使って、「Go」or「No-Go」、つまり、「やるか」「やらないか」を判断する方法にたどり着きました。

ここで**大切になるのが、チェックリストの項目である「判断基準」**です。

基準がしっかりしていないと判断が遅くなるため、時間がかかってしまいますし、周囲に流されやすくなるというデメリットもあります。

基準がきちんと確立されていれば、判断も早く間違えにくくなります。


私は、次のような5項目チェックリストを用いています。

①損か得か
②続けられるか続けられないか
③好きか嫌いか
④合うか合わないか
⑤既知か未知か

5つのうち、「○」が3つ以上なら「Go」、「○」が2つ以下なら「No-Go」と決めています。「○」の数が多いほど、「Go」の妥当性は高くなります。

最後の項目は、人によって判断が分かれるかもしれませんが、私は自分がまだ知らないものに挑戦するほうがポジティブだと考え、そちらを選ぶようにしています。

既知のものはいわば「出がらし」なわけで、未知のものを選択するほうが、その後の広がりを期待でき、得られるものは多いと考えます。

例外として、「確実に成功させる必要がある」という条件付きのケースでは、既知のものを選びます。

5項目チェックリストで最良の選択を行う

上司から、あるプロジェクトをやるかやらないか尋ねられた場面を考えてみましょう。

以下のようなリストが思い浮かびます（／はどちらか1つでよい）。

①損か得か――評価が上がるか／スキルアップできるか
②続けられるか続けられないか――十分な時間を割けるか／発展性があるか
③好きか嫌いか――興味があるか／楽しそうか
④合うか合わないか――こなす能力があるか／苦手分野ではないか
⑤既知か未知か――経験があるか（既知を○とする場合）
新しくて刺激的か（未知を○とする場合）

もし、複数のプロジェクトから選べる状況なら、最も多く○がついたものを選択します。あるプロジェクトでは①②③で3つ、違うプロジェクトでは③④⑤で3つとなり、○の数が同じときは、チェックリストの項目の優先順位を考えます。私の場合は、「損か得か」と「好きか嫌いか」を重視します。

5項目では少ないと思うかもしれませんが、要は「負担が少なくて利益が大きいもの」が自分にとっての正解なので、細かいことまで気にする必要はないのです。他人がどう思うかは関係なく、**あくまでも自分が判断するための基準**です。

もちろん、失敗することもあるかもしれませんが、そのときは次に向けて、チェックリストの項目をブラッシュアップしていけばいいだけです。

このように判断基準を定め、それに従って決断し、改変を繰り返していくと、そのうち精度の高いリストができあがります。

2択で迷ったときはそれを用いることで、余計な細かい情報に流されず、より早く、正確に、自分にとって最良の選択が行えるようになります。

「体験→失敗→成功」ではなく、「成功例→成功」で実践する

凡人 → 失敗を通じて成功に必要な経験値を増やす
天才 → 実際に体験しなくても経験値を増やせる
メリット → 失敗を経験しなくとも成功できるようになる

「失敗は成功のもと」という言葉をよく聞きます。

たしかに、失敗から学ぶことがあるのは事実ですが、最初から「失敗をしても許される」「失敗は当たり前のこと」と思ってはいけません。

失敗することを前提にして行動すると、とかく場当たり的になり、成功するのにも時間がかかってしまいます。

遠回りをせずに短時間で成功するために必要なのは、「失敗」ではなく、「成功例」です。

そして、その**「成功例」をイメージすることが「成功」につながります。**

物事がうまくいかないとき、「才能」を言い訳にする人は多いのですが、私からすれば、たいていのことは「才能」ではなく「技術」の問題です。技術が上達していないから、うまくいかないだけなのです。言い換えれば、**技術さえ身についていれば、誰でも成功できるといっていいでしょう。**

この技術は、先ほどお話しした、「成功例」をイメージするトレーニングによって習得することができます。

▼3つのステップでベストな結果に近づく

では、そのトレーニングの実践方法です。

まず、**「情報収集」**は欠かせません。インターネットや本などで、成功している人や事例をチェックします。

次に**「観察」**することです。スポーツならプロがプレーしている動画を注意深く見る、あるいは身近に成功している人がいれば話を聞いたうえで、技術を盗むつもりで実際の動作を観察します。

私が働いている医療の現場でも、上達の早い研修医ほど、先輩医師の手技をよく観察しています。外科のオペなどではそれこそ失敗が許されませんから、ある意味当然のことですが、どんな分野であれ、うまい人の技を見て盗むことは、技術上達につながります。

最後は、**「イメージトレーニング」**です。収集した情報、観察した技術を、重要なポイントを押さえながら頭の中でイメージします。具体的には、自分がその作業にかかっている場面を思い浮かべ、作業のはじめから終わりまで順にたどります。頭の中で映像を再生するような感覚です。

すべてを事細かくイメージできない場合は、重要なポイントとその前後を繰り返し再生します。ポイントがたくさんあってよくわからなければ、その中から3つに絞ってみましょう。初めて挑戦することでも、ポイントを絞ってトレーニングすれば、意外にうまくいくものです。

多くのスポーツ選手が、「成功例」をイメージすることの重要性を認識しています。ソチオリンピック、平昌オリンピックのフィギュアスケートで金メダルを獲得した羽生結弦選手は、2012年11月25日、NHK杯後に行われたインタビューで、「跳ぶ直前に、バッって頭の中に成功する軌道とかのイメージが湧いて、そこに体を乗っけていって跳ぶ」と話しています。しっかりした成功イメージを持ち、それに自分の動作を合わせることで、ベストな結果に近づけるのです。

▼成功例を体現する

失敗したときには反省点を細かく整理して、同じミスをおかさないようにします。その反省点こそ、次回の新しくポイントになる部分です。

うまくいかなかったときに「運が悪かった」とか、漠然と「次はきっとうまくいくはず」と思っているだけでは、次の成功は望めません。偶然成功したときに、「できた！」と満足してしまうのも、成長にはつながりません。**成功は、再現性が重要**です。どのポイントに注目してどのようにやって成功したかを、しっかり確認しておくようにしましょう。

そして最終的には、頭の中でイメージするだけではなく、イメージに合わせて実際に手や体を動かすことも大切です。電車でも、係員が指差し確認をするとボタンの操作ミスが減るというデータがあります。目で見るだけでなく、指の動作と合わせることで、確認の精度が高まるのです。

要するに、**頭と体に「成功例」を染み込ませればよい**ということです。

「数値化」して判断する尺度を持つ

凡人→主観的な表現に疑問を持たない
天才→客観的な指標で判断する
メリット→根拠のない情報に惑わされずに判断できるようになる

他人を説得するときや、アピールしたいときなど、「○○はすごい」「□□が得意」と表現する人は多いと思います。

このような主観的な評価は、一見わかりやすいようでいて、いったいどれくらいすごいのか、どのレベルまで技術があるのかが、実はよくわかりません。**主観的ではなく、客観的な評価を示したほうが、発言に説得力が出て、相手にもより正確に伝わります。**

その客観的な基準となるのが**「数値化」**です。**漠然と「すごさ」を訴えるより、数値で伝えたほうが、一段とわかりやすくなります。**

たとえば、「すごく人気のある本」と言うよりも、**「5万部売れた本」**と言ったほうが説得力がありますよね。会社の決算なら、「儲かっている」よりも**「10年連続黒字」**のほうが具体的でわかりやすいでしょう。

同じように「やせる」よりも**「5kg体重を減らす」**、料理のレシピなら調味料を「適量」よりも**「小さじ2」**、体の不調を訴えたいときは、漠然と「具合が悪い」ではなく、**「3日前から喉の痛みがある」「39度の熱が出ている」**というふうに、具体的に数値を出していくようにします。

数値で伝えるのが難しいときは、**「5段階評価で4」**というような伝え方でもかまいません。そうすることで、どれくらいのレベルなのかが相手にも把握できるからです。

逆に、相手からプレゼンであいまいな言い方をされた場合などに、こちらから「数字にするとこうですよね」と定量化してあげると、お互いに目標が明確になり、仕事もスムーズに進みやすくなります。

▼客観的な指標に置き換えて、判断の精度を上げる

また、資格や業績なども、わかりやすい物差しになります。「英語ができます」と言う

よりも**「英検1級です」**のほうが強くアピールできるので、自分の得意なことは頑張って資格を取るなど、客観的に表現できるようにしておくと強みになるでしょう。

この方法は、相手に伝えるときのほか、自分自身が何かを決定したいときにも使えます。**客観的な基準を持つことで、根拠のない評価に惑わされなくなり、判断の精度が上がる**のです。

たとえば、**「うまくいく確率が70%未満だったら手を出さない」**など、日頃から数字で基準を決めておくといいでしょう。**数字に置き換えるだけで、自分の中での根拠が強くなり、物事にポジティブに取り組める**ようになります。

ソフトバンク株式会社取締役会長の孫正義氏は、徹底的に「数字」にこだわることで知られています。社員が持ってきたアイデアを判断するときも、「好き嫌い」などの主観的な評価は排除し、結果が出ることを数字で客観的に示せるものは採用、そうでないものは不採用と決めているようです。

見えないものを見ようとしても見えません。

客観的な指標を大事にしましょう。

完璧より「0点」「60点」「80点」で、どれが適切か判断する

凡人→漫然と頑張る
天才→力の入れ方を調節する
メリット→少ない労力で最大の成果を出せる

仕事の案件がいくつか重なってしまい、すべてを完璧にやろうとして結局どれも中途半端になってしまった——そんな経験を持つ人も多いのではないでしょうか。

かつての私もそうでしたが、物事に取り組むとき、人はとかく完璧を目指そうとしがちです。しかし、**そもそも世の中に「完璧なもの」というのはほとんどありません。また、それが完璧だと正当に評価できる人もまずいません。**

100点満点を目指したほうがいいケースもありますが、やみくもに目指しても成果は上がらないのです。さらに、「努力していれば認められる」と、漫然と頑張る人も結構多

いのですが、これも結果はなかなか伴わないでしょう。

結果を出すためには、案件と状況に応じて**「傾斜をつける」**ことです。すべて平等に100点を目指すのではなく、**「0点」「60点」「80点」と、力のかけ具合を調整する**のです。

そうすることで、**必要最低限の労力で最大の成果を出すことができます。**

▼3段階に分けて行動する

点数の基準は、私はこのように決めています。

「0点」……やるかやらないかの選択権があるもので、やっても実績にならないもの
「60点」……自分に選択権がなく、実績にはならないがやらないといけないもの
「80点」……選択権のあるなしにかかわらず自分にとってメリットがあるもの

たとえば、プレゼンの案件が同時期に3件重なったとしましょう。

1つ目は、部署内の形式的な報告。2つ目が、権威のある取引先に対するプレゼン。3つ目は、気乗りのしない外部の企業からの依頼だとします。

私なら、1つ目は60点、2つ目は80点、3つ目は0点と決めて対応します。60点というのは、私としては「最低限の対応」です。とくに社内のことなら、これくらいの力のかけ具合でしのぎます。80点は「通常対応」ですが、相手や状況によっては、100点を目指すこともあり得ます。

0点は基本的に「対応外」ですが、途中でメリットがあるとわかったり、やればできそうだと思ったりした場合は60点に設定し直すこともあります。

このように**点数をつけて仕事を振り分けていくことで、ムダな労力と時間を省くことが可能**になります。

FacebookのCEOであるマーク・ザッカーバーグ氏が、投資家に宛てた手紙の中に、このような一文があります。

Done is better than perfect.

日本語に訳すと、**「完璧を目指すより、まず終わらせろ」**というような意味合いです。

この言葉は、同社のオフィスの壁にも書かれており、社訓のような役割を果たしてもいるようです。

ザッカーバーグ氏は、ギフティッド教育で有名なThe Johns Hopkins Center for Talented Youth（ジョンズ・ホプキンス大学が運営するギフティッド教育プログラム）の卒業生です。ギフティッドとは、ギフティッド・チルドレンの略で、米国ではIQが高い子どもたちや、ある特定の学術分野（数学、芸術、音楽、言語など）で高いレベルの潜在能力を持った子どもたちのことをそう呼んでいます。

ギフティッドに見られる精神的な特徴として、完璧主義傾向があります。おそらくザッカーバーグ氏にも、もともと完璧主義なところがあったのでしょう。だからこそ、この言葉が響いたのかもしれません。

私は、この言葉の中に、**「100点ではなく、60点や80点でもとにかく終わらせることが大切」**というニュアンスを感じ取っています。

たとえば企画書を作成するときも、パワーポイントなどを駆使して時間をかけて丁寧に作るより、A4用紙1枚で簡潔にまとめたほうがいいことがあります。プレゼンも、1から10まで説明するのではなく、要点だけを押さえたほうがわかりやすいこともあります。

今やっている仕事は何点なのか、適切に判断していくようにしましょう。

できないことは「ない」と考える

凡人→「できない」と言って諦める
天才→「できる」ようになる方法を考える
メリット→限界を突破し、自分の能力を最大化できる

新しい物事に挑戦するとき、困難な局面にぶつかったとき、みなさんはどうしますか？「できない」と言って尻込みするでしょうか。それとも、「やってみよう」と奮い立つでしょうか。

私は、とにかく、**「できない」とは言わない**ようにしています。

そして、**「どうすればできるようになるか」**を考えるようにしています。

周囲を見ていると、「自分にはできない」と言って、もっともらしい言い訳を探す人が少なからず見受けられます。

「できない」の一言で挑戦を打ち切ってしまうのは、楽といえば楽ですが、常にこういう行為を続けていると、自分を無意識に甘やかすことになり、自ら将来の可能性をつぶしてしまうことになります。

逆に、**どうすればできるのかを考え、諦めないで挑戦していると、「自分は今、こんなに全力で頑張っているんだ」と、ポジティブな気持ちになります**。ほかの物事に対しても、その気持ちが波及していくため、**ポジティブ思考の連鎖が生まれます**。

ポジティブ思考への変換

そんなことを言っている私も、実はもともとはネガティブな考え方の持ち主でした。

大学時代のことです。授業の中で、グループに分かれて討論する場があったのですが、いつもとっさに意見が言えず、「こういう場で発言するのは向いていない」と、心の中で言い訳をしていました。

けれども、その場では意見が言えなくても、家に帰って落ち着いて考えるといろいろ出てきますし、ほかの人の意見よりも自分の導き出した答えのほうが正解であることが多いのです。結局、その場で間違えるのが恥ずかしくて言えなかったのだということに気づきました。

それ以来、「間違えるのが恥ずかしいなら間違えないで言えばいい」という発想に変え、必ず何か意見を言うように自分に課したところ、だんだん発言できるようになっていきました。


ポジティブな思考になるには、「思い込み」も大切です。

子どもに対しても、「どうせできないでしょ」と言うよりも「できる、できる」と声をかけてあげたほうが、能力が伸びるという説もあります。これも思い込みの一例です。

また、ハーバード大学でポジティブ心理学講座を担当していたショーン・エイカー氏によると、**「成功者が幸せを感じているのではなく、幸せな人が成功しやすくなる」**傾向があるようです。これも、ポジティブ思考がいいことを示唆しています。

シェイクスピアの『ハムレット』のなかに、「There is nothing either good or bad, but thinking makes it so.：ものの善し悪しは考え方1つで変わってしまう」という一節があります。

たしかに、誰を好きか嫌いかは人それぞれですし、戦争のように多くの人がマイナスイメージを持つものですら、「善し」として支持する人はいます。

「できる」か「できない」かも、これとまったく同じで、自分がポジティブに考えられるかどうかで決まってしまいます。

自分の限界を設定するのは自分自身です。

「できる」と思えば、できないことはないのです。

失敗したら、その方法は「二度と使わない」。それを上回る手段で対応する

凡人 → 挑戦すること自体をやめてしまうか、同じ方法に固執してうまくいかない

天才 → 敗因分析を行い、改良した方法で局面を打開する

メリット → 対策を練る作業を通じて問題解決能力が増す

何かを求めて挑戦し続ける限り、失敗は当然のようにつきまといます。うまくいくように作戦を立てて、念入りに準備したとしても、失敗を100%防げるわけではありません。大きな成果を出したければ、失敗したからといって挑戦を諦めるのではなく、**敗因を分析し、改良した方法で局面を打開する**ことを考えなくてはいけません。

失敗について偉人が語った名言はいくつもあります。Microsoftの創業者の一人であるビル・ゲイツ氏も、失敗を乗り越えています。

彼は1970年代にTraf-O-Dataという会社を始めましたが、うまくいきませんでした。その経験が、後の世界的成功に結びついたとされています。彼の言葉に、**「It's fine to celebrate success, but it is more important to heed the lessons of failure.（成功を祝うのはいいが、失敗から学ぶことのほうがもっと大切だ）」**というものがあります。

失敗を次に活かすには、敗因を詳しく分析し改善策を導き出す作業が欠かせません。**敗因分析では、「主観的分析」と「客観的分析」をうまく組み合わせることが必要**です。

2つの分析で改善策を考える

たとえば、「上司の指示通り、作業を進めたのに、スムーズに成果が出ず怒られた」というケースについて、考えてみましょう。

まず、**目的（どういう結果にしたいか）を明確にします。**問題解決では、明確な目的設定が重要です。ここでは、「スムーズに作業を進めて、期待される成果を出すこと」を目的とします。

次に、**主観的分析を行います。**これは自分が抱いた印象なので、どうしてうまくいかなかったのか、思いついたことを挙げてかまいません。

残った項目に対して、**客観的分析を加えます**。客観的分析では、自分の印象をできるだけ排除します。客観性を完璧に保つのは困難な場合もあるので、できるだけ事実に基づいて分析する、と考えてください。ただし、「改善して成果を出す」のが目的なので、どうにも変えようのない項目は消します。この作業を通じて、主観的分析で挙がった項目の妥当性を判断したり、実際に自分がどうしたかを振り返ったりすることができます。

これらを踏まえて、**最後に改善策を考えます**。確実に実行できるよう、具体的にどうするのかがわかるような内容にします。

●目的

スムーズに作業を進めて、期待される成果を出すこと

●主観的分析

- 指示された通りに作業したのがよくなかった
- ほかの案件もあって専念できなかった
- 上司の意図が正確にわからなかった
- 依頼されたタイミングが遅かった

・給料に見合わないため気合が入らなかった

●客観的分析

・指示された通りに作業したのがよくなかった

↓複数の同僚も同じ意見なので妥当といえそう

・ほかの案件もあって専念できなかった

↓同じ条件で成果を出している同僚がいる

・上司の意図が正確にわからなかった

↓意図を再確認せず作業を継続した

・~~依頼されたタイミングが遅かった~~

・~~給料に見合わないため気合が入らなかった~~

●改善策

・今後は、指示を逸脱しても必要だと思うことはやる

・時間の使い方を見直す、できる同僚のノウハウを真似する

・クローズド・クエスチョン（答えがＹｅｓ／ＮｏやＡ／Ｂの質問）で意図を明確にする

▼勝ちパターンをつくる

大切なのは、失敗から学ぶ気持ちを常に持ち、敗因分析に基づいてやり方を改良し続けることです。

思考停止に陥り、同じ方法に固執してしまうと、成長や発展の機会を放棄することになります。「運」はもちろん、単純な「慣れ」だけでは限界があります。

また、本章の「『体験→失敗→成功』ではなく、『成功例→成功』で実践する」でお話しした、他人の「成功例」だけでなく、自身の成功体験からも多くを学べることを知っておきましょう。実際に体験したことなので、自分にとっての学びがたくさん詰まっています。

手放しで喜んで終わりにするのではなく、そのときにとった方法やアプローチを、「よかったもの」と「改善の余地があるもの（小さな失敗）」に分けて、それぞれを詳しく分析してください。成功に結びついた要素は、以降、自信を持って採用できます。いくつか集めていけば、勝ちパターンができあがります。

誰しも、失敗は気分がいいものではありません。しかし、ビル・ゲイツ氏をはじめとする偉人たちの軌跡が示すように、最終的に成功しさえすれば、それまでの失敗はただの通過点だったとみなすことができます。「終わりよければすべてよし」という言葉がありますが、目標を達成できれば「ハッピーエンド」、失敗したままなら「バッドエンド」です。目標を達成した後の、成長した自分の姿を思い浮かべ、失敗を乗り越えることを楽しむくらいが丁度いいかもしれません。

諦めずに分析と改良を繰り返し、自分が望む結果に持っていきましょう。

原因と結果に「ルール」を加えて分析する

凡人→他人が設定したルールの中で動こうとする
天才→ルールに疑問を持ち、逸脱することをいとわない
メリット→自分に不利な状況を抜本的に変えていくことができる

問題解決において、どうしてもしっくりくる解決策が見つからないときは、原因（物事や状態を引き起こすもと）と結果（ある原因から生じた結末や状態）の関係を分析するだけでなく、前提となる**「ルール」が本当に適切かどうか**まで含めて考えてみましょう。

実際のところ、それまで原因だと思っていた「推定原因」は、さほど問題ではなく、当然のものとして適用されていたルールこそが、解決を妨げていた真の原因かもしれません。

ここでいうルールとは、「何かを行うときに守るべき条件・制約」です。たいていの場合、

ルールを設定するのは自分以外の誰かです。

不適切なルールが設定された状況では、もやもやしたまま失敗を繰り返すことになります。そのルールによる縛りこそが、失敗の元凶なので、別のルールに変えない限り、抜本的な解決は困難です。そのままの状態でいくら対策を練っても、あまりいい結果は得られないでしょう。

独裁国家をイメージしてください。独裁国家では、絶対的な権力を持つ1人の人間を中心に、社会が回っています。いわばその人間こそがルールです。民主主義国家のような自由はありません。民主主義国家に住む側、すなわち外側から見ると、そうした国家が抱える問題を解決するには、独裁体制を撤廃するのが近道に思えますが、内側からはなかなか見えにくいのです。

ルールを変える

ルールに欠陥がある場合の典型的な特徴として、そのルールがどうして適用されているのか、論理的な理由があいまいである点がまず挙げられます。

もしかしたら、周りの人は、「そうした決まりになっている」「しかたないだろう」と言っているかもしれません。また、いくら解決策を考えようにも、いいアイデアが思い浮かばないのも特徴です。不適切なルールによる束縛感から、窮屈さを感じることも多いでしょう。設定されたルールを疑う意識を持っていれば、そもそもルール自体を変えるべきでは？　と比較的容易にわかります。

いくら能力があっても、条件が合わないと力を十分に発揮できません。総合格闘技のチャンピオンが、ボクシングや柔道のルールで必ずしも勝てるとは限らないのと同じです。

私は仕事において、明確な理由のないルールは、種類を問わず「気にしない」ようにしています。

「上司より先に昼ご飯を食べてはいけない」「下っ端は遅くまで職場に残らなくてはいけない」などです。昼食は時間のあるときに食べてしまうほうが、急なトラブルに対応しやすくなります。やることがないなら休んだほうが、体力が温存でき不注意によるミスが減ります。

「慣習」という暗黙のルールに従わないことで成功を収めた例としては、電設機器を製造販売する未来工業株式会社が思い出されます。同社の創業者の1人である山田昭男氏は、就業時間を7時間15分と短くし、残業禁止にするだけでなく、営業ノルマなし、報告・連絡・相談禁止などの独自ルールを設定しました。そうして社員が自分の頭で「常に考える」環境を作り出した結果、業界一の営業利益率を達成するに至ったのです。

現時点では、誰かが設定した前提に則って動く立場であっても、**ルールを逸脱することを恐れず、自身の能力を最大限に発揮できるよう改変していく意識を持つ**べきです。将来、ルールやシステムを構築する側になったときも、この意識は必ず役に立つことでしょう。

「3つの問い」(いい、ふつう、わるい)でスピード解決する

凡人 → その場で選択肢を考えるため迷う
天才 → あらかじめ選択肢を用意しておき、相手に応じて選ぶ
メリット → 判断がシンプルになるため、不要なストレスを抱えない

相手から理不尽に何かを求められて対応に困ったとき、頭に浮かんだ選択肢を適当に並べてしまうと判断に迷います。相手の都合による理不尽な要求は、自分にとってはストレスでしかないので、感情の変化をできるだけ起こさず、さっさと機械的に処理するのがベストです。

最短でスピード解決するには、あらかじめ解決策・対応策の選択肢を「いい」「ふつう」「わるい」の3段階用意するのです。「このようなお願いをされたらこの3つから選ぶ」と、自分の中でマニュアル化しておくことです。相手との関係や状況に応じて、どの選択肢に

するか即断します。

▼選択肢を明確にする

たとえば、「この仕事をどうにか明日までに仕上げてほしい」と要求された場合について考えてみましょう。相手が締め切り間近の土壇場になってから依頼してきたような状況です。

ほかの作業もしているので、明日までに終わらせるには残業が必要だとします。私なら、

いい（○）「快く引き受ける」、

ふつう（△）「引き受けるが貸しをつくる」、

わるい（×）「謝りつつ断る」

の3つを用意しておき、どれかを選びます。自分に利益があったり、以前助けてもらっていたりしたら「いい（○）」あるいは「ふつう（△）」を、利益がなかったり、何度かこうしたマナー違反を繰り返していたりする相手には、「わるい（×）」で対応します。

ポイントは、「わるい」の選択肢でも相手が気を悪くしないために、最低限の気配りは含ませることです。「気の毒だけれども、切りがないから一律断るように言われている」と、

規則や上司など、自分以外の要因で対応が難しいことを前面に出すのがいいかもしれません。

このように表向きは相手の感情に配慮しますが、断るか否かを決断するにあたっては、相手がどう思うかを考えないようにします。そもそも相手の都合による要求ですから、同情すべきではありません。むしろ、相手にとっては行動を改めるいい機会になり、長い目で見ればプラスかもしれないと考えましょう。

DELLの創設者マイケル・デル氏は、**「何をやるのかを決めるのは簡単。何をやらないのかを決めるのが大事」**と言っています。何にでもとりあえず「YES」と言うのは簡単ですが、ストレスを抱え込まず、時間を節約するためには、自分にメリットのない理不尽な案件は「やらない」とはっきり決断することが必要です。

そのほかの例として、上司からの少し気が重い誘いについては、いい「万障繰り合わせて参加する」、ふつう「自分の都合と半々」、わるい「自分の都合を優先する」に分けます。参加すること自体が必須の場合には、二次会に行くか行かないかで考えてもいいでしょう。「自分から提案する」「提案されたら行く」「帰宅」。予想通りやめておけばよかった、となるのがいちばんストレスなので、「帰宅」が妥当だと思えば迷わずそうすることです。

即断即決できる

選択肢を段階別に分けることで、自分にどんな行動ができるかがわかりやすくなります。

判断がシンプルになり、「こういう相手だからこの対応をした」と、一応の根拠が生まれます。判断の根拠があると、自分の中に覚悟・確信が生まれるため、その後の行動・対応も違ってきます。もやもやしていると、「やはりああしておけば」と手遅れなのに後悔しがちです。他人に置き換えてみても、優柔不断な人や流されやすい人より、基準を持って**はっきり決断している人のほうが、信頼できる印象を受ける**はずです。

なお、選択肢を「3つ」用意して、「いい（○）」「ふつう（△）」で差を出せるようにしていますが、もし2つしか思いつかなければ、「いい（○）」「ふつう（△）」／「わるい（×）」だけでもかまいません。とるべき選択肢が整理されていること、判断したうえで選んでいることが大事です。

全員にいい顔をしようとしたら、余計な時間を浪費し、ストレスをため込むことになります。また、実は、「全員によくする」のと「全員に悪くする」のは、表裏一体なところもあります。「全員の希望を叶えてやりたい」という上司は、声高に不満を主張する部下に翻弄され、従順な部下に嫌な仕事を押し付けがちです。そうした上司の下では、結局、どの部下も満足せず、不信感が募ります。

一律な対応ではなく傾斜をつけると、人によって態度を変えているようで嫌かもしれませんが、そもそも世の中とはそういうものです。大企業でも個人経営店でも、常連客は一見さんより大事にされます。親友のためならリスクを冒せても、つきあいの浅い知り合いのために命をかける人は少ないでしょう。**傾斜をつけることで、自分にとって大切なものに、より多くの時間、労力、お金を使うことができる**のです。

もしかしたら相手側は、「お互い様だろう」と言ってくるかもしれません。しかし多くの場合、「お互い様」は一方的であり、引き受ける側からすると割に合いません。相手都合の理不尽な依頼には、自分に不要なストレスがかからないことを最優先し、ドライに対応すべきなのです。

第2章

【目標達成法】——ムダに競争せずに、目的を実現する

普通の人は周りに振り回され、頭のいい人は人をうまく利用する

自分がやろうとしていることを実現させるには、自身が置かれた状況の中で、うまく立ち回ることが大切です。自分だけでなく、周りの人の感情までコントロールしていけば、目標は一気に達成しやすくなります。意図した結果にたどり着くことができるのです。

何が大事なのか、「優先順位」を付けていく

凡人 → 作業の優先順位がわからない
天才 → 常に優先順位を考えて行動している
メリット → 作業効率が上がり周囲から評価される

医師である私は、日常的に優先順位を考えて業務を行っています。

なぜなら、優先順位を間違えると生死に関わることがあるからです。

たとえば、風邪などの軽症患者さんが大勢来院しているなかに、重症な患者さんがいたとします。順番通りに診ていたら、その間に重症な人は症状が悪化してしまうかもしれません。最悪、死に至ることさえあります。

このようなときは最初に重症な人を診察し、検査に回します。その間に軽症の人を診て、検査の結果が出たらもう一度重症の人を診て、治療の指示を出し、また軽症の人に戻る、

というふうに優先順位を付け、命に関わらないよう最善の策をとります。

生死が関係する仕事でなければ、そこまで慎重を期していないかもしれません。しかし、限られた時間内に最大限の成果を出したければ、ある程度シビアに優先順位を考えるべきです。

多くの偉人たちは、仕事や人生について、自分なりの優先順位を設けています。中でも、ノーベル生理学・医学賞を受賞した利根川進博士の言葉が印象的です。利根川博士は、人生について、**「あることを成し遂げるためには、いろんなほかのことを切り捨てないとだめ」**と語っています。

日々の仕事では、「切り捨てる」わけにはいかないこともたくさんありますが、**優先度の低い作業を意識から「取り除く」**という点では同じです。**後回しにしていいものをいったん忘れることで、優先度の高い作業に集中できる**のです。

▼優先順位の付け方

仕事において重要なのは、全体の進行を妨げる「ボトルネック」にならないことです。

ボトルネックになってしまう要因の一つに、「優先順位の付け方がわからない」ことが挙げられます。今やらなくてもいい仕事を先にやってしまい、結果として周囲に迷惑をかけ、自己評価も下げてしまうのです。

そうならないためには、**「ボールを自分のところで止めておかない」という意識を持つこと**です。キャッチボールと同じで、「仕事は自分のところに来た時点ですぐに投げ返さなくてはならない」と自覚しましょう。

優先順位は、まず、次の2つの順番で決めます。

①制限時間（締め切りまでの残り時間）の少ないもの
②必要時間（かかる時間）の少ないもの

仕事は基本的に締め切りに間に合わせるのが第一なので、当然、残り時間が少ないものから手をつけます。その中でも、時間を要さないもの、負担の少ないものから片付け、仕事の全体数を減らしていきます。

たくさんの仕事を抱えたまま作業をするのは精神衛生上よくないですし、やらなければならないことがまだたくさんあると思うと焦ってミスを招きがちです。

脳の「作業スペース」はコンピュータのメモリのようなもので、その容量には限界があるとされています。つまり、あまりたくさんのものを置いておくと、何をどうしていいのかよくわからなくなってしまうのです。私のこれまでの経験からすると、作業スペースに同時に置いても混乱しないのは、せいぜい3つまでです。

残り時間の少ないものを終えたら、ほかの仕事も同じ要領で、かかる時間の少ないもの、軽いものからサクサクと終わらせていくようにします。メモリにかかる負荷を減らすことを意識してください。急ぎではない重めの仕事は、メモリを解放したうえで、じっくり取り組めばいいのです。

もし、制限時間と必要時間が同じくらいの条件だった場合は、

③時間対効果が高いもの

という新たな条件を加えます。

「待っている相手が誰か」を考慮して、自分がボールを投げ返さないと大勢の人が困る案件や、上司に頼まれた、評価に直結する仕事などを優先してやるようにします。

また、私は「仕事は就業時間内に終わらせる」と決め、時間外に働くことは基本的にしないようにしています。

ただし、些末な事務仕事や時間を要する重めの仕事がある場合は、時間外労働をする日を決めてそこでまとめて消化しています。未消化の案件をなるべく少なくすれば、飛び込みで別の案件が入ってきても対応できる余裕が生まれます。

何を優先すべきかを考えて行動していれば、やり残しがあったとしても、自分が受けるダメージを最小限に食い止めることができます。

また、作業効率が上がり、周囲から評価されるようになります。

トータルでかかる時間と労力は同じでも、優先順位を付けるだけで大きく違うのです。

締切日より「1週間」早く提出すると、うまく進む

凡人 → 締め切りギリギリになるか、間に合わない

天才 → 締め切りより早く提出し、印象を操作する

メリット → 仕事のできる人と思われ、意見を尊重されやすくなる

子どもの頃、夏休みの宿題を新学期が始まる直前に慌てて仕上げた経験はないでしょうか？　私のように、怒られて済むならそれでかまわないと、宿題を放置していた人もいるかもしれません。

社会人になってからも、書類などを締め切りギリギリに提出する人が多く見受けられます。このような人たちは、たいていは間に合ったというだけで満足しています。もし周囲に締め切りに間に合わせられなかった人がいたら、「間に合った自分はすごい」と、自信を持つことすらいるかもしれません。

しかし、仕事を依頼する側からしたら、締め切りは守って当たり前です。間に合ったというだけでは評価されません。

社会人は、「スピード感」が大切です。

突出していい出来ならともかく、そうでないならより早く提出したほうがインパクトが強く、評価につながります。

作家の中谷彰宏氏は、これまで800冊を越える本を執筆しています。「いつも締め切りより早く」原稿を仕上げてきたことで、関係者からの評価が上がり、多くの出版機会に恵まれたのだそうです。

締め切りは仕事が遅い人のためにある

たとえば、締め切りが1か月先のものなら、1週間早く提出するだけで「できる人」と思わせることが可能です。2か月先なら、2週間早く提出します。目安は、「締め切りまでの期間を4分の1くらい残して提出する」ことです。

ただ、どんなに早くても内容が伴っていなければ、やり直しを命じられるかもしれません。クオリティには気を配るようにしましょう。

もし毎回いちばん早く提出することができれば、確実に一目置かれる存在になります。みんな同じような条件でやっているなかでいちばんなのですから、周囲も当然「仕事が早い」と認めざるを得ないのです。

このような**「仕事が早い人」「できる人」に認定されると、締め切り自体を設定されなくなります。**現に私は、締め切りを言われることがほとんどありません。そもそも締め切りは、「できない人」のためにあるものなので、周囲も「あいつなら設定しなくても大丈夫だろう」と思うようになるのです。

「できる人」と認識されてしまえば、仕事を進めるうえで、自分の希望が格段に通りやすくなります。

「与えられた仕事を誰よりも早くこなしているんだから、やりたいことをやらせてみよう」と周囲が思ってくれるようになり、目標達成への道がひらけます。

作業にかかる時間は所詮同じなのですから、早く始めて早く出してしまったほうが精神的にもとても楽です。「早寝早起き」のような習慣にしてしまえば、苦にもなりません。

とはいえ、なかには「直したがり」の上司もいるでしょう。

早く提出すると修正意欲を掻き立ててしまうこともあるかもしれませんが、ギリギリに提出して直す時間を与えないとかえって評価を下げてしまう可能性があります。このような場合は、面倒でも素直に直させたほうが評価を上げることになります。

どうしても直されたくない場合は、あえて締め切りギリギリに提出するという作戦もありです。

ただし、これは、どうしようもないときの「苦肉の策」だと認識しておいてください。

間に合わないときの対処法

また、早めに出すことを心がけていても、どうしても締め切りに間に合わないときもあります。重要な飛び込みの案件が入ってきてしまったり、体調を崩してしまったりすることもあるでしょう。

しかし、そのようなとき、間に合わない理由だけを漠然と伝えたとしたら、単なる言い訳にとらえられ、信用を失ってしまうかもしれません。「できない人」と思われないためには、締め切りを先延ばしにしつつも評価を下げないテクニックが必要です。

まず、理由とともに、「2日後に仕上げます」などと、自分から時期を明示します。時期は、最短でできる期間よりもほんの少し長めを想定して伝えましょう。そして、その明示した時期よりも早く提出します。2日後と言ったのであれば、1日後に提出するようにします。ここがポイントです。

伝えるときは、直接会って話すか、もしくは電話をするようにします。メールでは声のトーンや表情が伝わらないので、相手の怒りを買う恐れがあるからです。仕上がりのクオリティは、普段よりも高いほうが望ましいでしょう。遅れたうえに不備があったとしたら、ほかの人に任せたほうがよかったと思われてしまいます。

このようにしておくと、評価を下げることなく、頑張ったことも認めてもらえます。

何度も使えるテクニックではありませんが、覚えておいて損はありません。

締め切りより少し早く出すだけで、「できる人」になれます。

自分に対する周囲の印象をコントロールし、好きなようにやれる状況を作り出しましょう。

「複数の人」に同じことを聞く

凡人 → 同じ内容を1人に繰り返し聞く
天才 → はじめから複数の人に尋ねる
メリット → 印象を悪くせず、正しい情報が得られる

わからないことがあると、同じ人に同じ内容を何度も聞いてしまう人がいます。

自分では勉強熱心のつもりでも、聞かれた側はそう感じているとは限りません。何度も言っているのにわからないと思われた場合は「能力が低い」人間とみなされてしまいますし、教えたことをすっかり忘れていると勘違いされた場合は「いいかげんな」人間と判断されるでしょう。さらに、「自分が言っていることを疑っているから何度も聞いてくるのかも」と邪推されたら、今後の関係にも差し障りが出てきてしまいます。

したがって、**わからないことは1人に聞くのではなく、複数の人に聞くべき**だと私は考えています。

そもそも、人の記憶はあいまいなものです。

知識や技術も、その人なりのこだわりとともに保存されているので、すべてが正しいとは限らないのです。一人の人の話だけを聞いて鵜呑みにしてしまうと、失敗する可能性もあります。

レバレッジコンサルティング株式会社代表取締役社長の本田直之氏は、ベストセラー『レバレッジ・リーディング』（東洋経済新報社）の中で、「どの本にも同じことが書いてあれば、それは誰もが認める重要なポイントだと判断できる」「同じことを10人の著者が主張していたら、それはもう原理原則と呼べるのではないか」と、複数の主張から共通点を抜き出す重要性を説いています。

複数の人に聞くメリット

私も、初めから複数の人に聞くことを習慣にしています。

たとえば、経験の少ない業務を検討しなくてはいけないときや、不慣れな統計解析を行う必要があるときなどは、詳しく知っていそうな何人かに話を聞くようにします。

第1章でもお伝えしましたが、複数の情報を得たら、その中から共通点を見つけ出すのがポイントです。**何人かの中で共通している項目は、信憑性の高い知識や技術・ノウハウであることが多い**からです。

一人の人の情報やノウハウを利用する場合、効率が悪いと思っても、聞いた以上はその通りにやらないと角が立ってしまいます。

その点、最初から複数の人に聞くというスタンスで学習し、「いろいろな人の意見を参考にしています」と前置きしておけば、教わったノウハウを自分で改良したとしても気まずい状況になることはありません。

このようなスタンスでいれば、繰り返し聞いて評価を下げることなく、よりいい情報が手に入ります。

また、話を聞くときは、メモを取りながら聞くことをおすすめします。単に忘れたときに参照できるだけでなく、メモを取っていると「聞く姿勢」があると思われ、評価されるからです。次に何かを相談したり確認したりするときにも、そのメモを見せながらだとスムーズです。天才発明家トーマス・エジソンの、「メモこそ命の恩人」という言葉は、核心を突いています。

▼同じ人に同じ内容を聞くときに気をつけること

どうしても同じ人に同じ内容を聞かなくてはいけないときは、質問のしかたを変えるようにします。

「前に伺った○○の内容ですが、こういうときはどうすればいいでしょう？」など、内容を少し発展させた聞き方をするようにします。

納期を忘れてしまった場合は、「いつでしたっけ？」と聞くより「○日ですよね？」など、うろ覚えでもよいので具体的なことを織り交ぜたほうがよいでしょう。「覚えているけれど、念のために確認」というニュアンスを出したほうが印象を悪くしません。

いずれにしても、聞いた内容を記録しておくのは鉄則です。記憶を過信しないことです。先ほど「メモを取る」ことをおすすめしましたが、私は携帯端末のクラウド型メモアプリに書き込んでいます。

何かをするうえで、情報収集の作業は欠かせません。

戦略的に動いて、自分の評価を下げずに欲しい情報を手に入れましょう。

誰かにお願いするときは「説得しない」こと

凡人→何かをお願いするとき、相手を説得しようとする
天才→自分が大きく損をしない案をいくつか出して、相手に選ばせる
メリット→不信感を抱かれずにお願いを聞いてもらえる

毎日の業務の中には、「自分でやったほうがいい仕事」と、「自分がやらなくてもいい仕事」があります。

誰かに任せてもかまわない仕事は、思い切ってほかの人にお願いしてしまったほうが、自分のやるべきことに専念できます。

ただし、お願いのしかたには気をつけないと、仕事を押し付けられたと思われ、反感を買ってしまいます。

お願いしたいことがあるとき、人はつい、いいことばかりを強調し、やってほしい理由を前面に押し出して説得しようとします。

一見、熱意があるように感じられますが、お願いされた側は、「そこまで押してくるのは、何か裏があるのかもしれない」と、かえって不信感を抱き、断りたくなるかもしれません。説得されたと感じることにより、モチベーションも半減してしまいます。

自分の意見を聞いてほしいときほど、説得するのは厳禁です。

ゴリ押しするのではなく、相手の気持ちに共感する態度をとると、主張を受け入れてもらいやすくなります。

もし、仕事を引き受けることに相手が不安を感じていたら、まず「そうですよね、不安かもしれないですよね」と、同調します。そして、どういうメリットがあるのか、デメリットはどうやったら回避できるのかをきちんと伝えるようにしましょう。

さらに、引き受けてくれた場合の下準備・サポートはできるだけする旨も伝えます。あるいは、下準備をしたうえで話を持っていきます。そのほうが相手に安心感を与え、引き受けてもらいやすくなります。

そして、「お願いします」と、言葉ではっきり伝えることが大切です。

目下の相手には「任せたよ」と言うと、やる気を出してくれることが多いでしょう。

仕事を振るコツ

お願いするときは、1つの案だけを出すのではなく、自分が大きく損をしない選択肢を複数提示して選んでもらうようにします。

コロンビア大学ビジネススクールのアダム・ガリンスキー教授らによれば、「複数の選択肢は協調のサイン」となり、相手に「一方的な押しつけとは正反対の印象を与える」のだそうです。

ただし、選択肢は多すぎると決断できなくなるので、3つに絞りましょう。

たとえば、誰がやってもかまわないプレゼンを後輩にお願いしたいときは、

①「相手がやる」
②「手伝う」
③「自分がやる」

の３つを提示します。

「誰がやってもいい仕事」として頼まれた場合、たいていの後輩は①か②を選んでくれます。もし③を選ばれたら、自分でやらなくてはいけませんが、次の機会に少し重たい案件をお願いしやすくなります。なお、「やりたくない仕事を振る」という意識は持たないほうが賢明です。嫌な仕事を人にやらせる癖がついてしまうと、そのうち「働かない人」と思われ、信用を失います。

このように通常は選択肢を提示し、相手に決めてもらいますが、例外もあります。仕事をあまりしない後輩にどうしても担当させたいときなどは、最初から「お願いすることになった」と、確定事項として伝えるほうが、目的を達成できます。

▼相手主導で選ばせる

相手に選ばせる方法は、仕事をお願いするとき以外にも使うことができます。

上司に自分の意見を採用してもらいたいときは、

A「理想の案」

B「現実的な案」
C「ダメな案」
の3つを提示します。

もし、上司から「勤務時間外にある勉強会の出席率を上げる方法」について、アイデアを求められたとします。自分や周囲が「できれば出席したくない」と思っているなら、

A「本当に役立つものだけに絞って回数を減らす」――自分にとっても周りにとっても回数が減るのがベスト

B「有名人の社外講師をときどき呼ぶ」――どうしても出なくてはいけないなら著名人の話が聞けるなど、出席するメリットを増やしたい

C「就業時間内に開く」――そもそも「時間外に行う」前提だし、ほかの業務に影響が出るので現実的に不可能

Cは、AとBの「引き立て役」です。それぞれメリット、デメリットを伝え、Cはデメリットを強調するようにします。そうすると、ほかの案のほうがよく見えるため、AとB

のどちらかを選んでくれます。Aを選んでくれればラッキーですが、Bでも現実的な案なので、どちらになっても問題はありません。

相手に選んでもらうようにすると、相手は自分で決断した気になります。

結果、好意的になり、頑張ってやってくれることも増えるでしょう。

不信感を煽らずに自分の希望を叶えるには、相手主導を装えばいいのです。

「目的」を叶えて、「敵」を作らない

凡人→やりたいことを実現するがアンチを生む
天才→味方を増やしながら、目的を達成する
メリット→邪魔されたり足をすくわれたりせずに済む

目的を達成しようとすると、さまざまな障害に出くわします。

その中でもいちばん大きなものは、「対人関係」ではないでしょうか。自分のやりたいことがほかの人にとって不利益なものだったり、プライドを傷つけてしまうようなことがあったりすると、たちまちその人は「敵」となって立ちはだかってきます。

そうしたリスクを負わずに目的を叶えられるのなら、それに越したことはないのです。

米国の著名コンサルタント、ボブ・バーグ氏は、「人生の成功は1割が専門技術で、9割が対人関係」とし、「敵」、すなわち「目的達成にたちふさがる人」を味方に変えることが成功につながると述べています。30年以上に渡り、さまざまな人間と接してきた彼によ

れば、非凡な才能があるのに平凡な結果しか出せなかった人はたくさんいて、それは、つまるところ、敵を味方につけることができなかったから、なのだそうです。

信用される人になる

周囲を敵に回さずにやりたいことを実現させるには、「地盤固め」が必須です。

選挙で勢いに乗って当選したとしても、継続的に支援してくれる人がいないと再選はおぼつきません。味方を増やし、土台をしっかり固めることが先決です。

まず**大切なのは、普段から「正直でいる」こと**です。

「えっ、そんなことでいいの？」と思われるかもしれませんが、オオカミ少年と同じで、小さな嘘を重ねていると、「今回もどうせ嘘を言っているのだろう」「いざとなったら裏切るかもしれない」と思われ、信用を失ってしまいます。

味方になってほしい相手には、自分からプライベートな事柄を話すようにすると、相手も心を開いてくれることが多くなります。いわゆる**「自己開示の返報性」**と呼ばれる法則で、自分をさらけ出すと相手も同じように返してくれ、距離が縮まります。もし仮に相手が心を開いてくれなかったとしても、「正直に話してバカなやつだなぁ」とその人が思えば、足を引っ張ろうという気も起きないでしょう。「バカ」は意図的に演じるものです。

また、「何を考えているかわからない」と思われてしまうと、周囲から距離を置かれてしまいます。日頃から、自分の意見はしっかりと伝えておかなくてはいけません。

そして、日常の人間関係では、「しっかり義理を通す」ことも大切です。相手が何かをしてくれたら、しっかりとお礼を言い、自分もほかの機会に相手を助けるように心がけてください。

当たり前のことのようですが、その当たり前のことを普段から実直に、真面目にやっていると、周囲から「信用できる人」とみなされます。

「あいつならしかたがない」「応援してあげよう」と、味方になってくれるのです。

攻撃してくる相手には「文句」を言わせて疲れさせる

凡人→誰かに攻撃されるといちいち反応してしまう

天才→気の済むまで文句を言わせておく

メリット→ムダに時間を失わず、自分の目標に集中できる

前節のように敵を作らないスタンスでいても、攻撃してくる人はどうしてもいます。とりわけ結果を出していると、嫉妬心からターゲットにされやすくなります。

そのような相手と接するときは、萎縮するのはもちろん、面と向かって対立するのもよくありません。

13世紀イタリアの詩人ダンテは、「お前の道を進め、人には勝手なことを言わせておけ」という言葉を残しています。

私は、このダンテの言葉を自分流にアレンジし、**「相手が疲弊するまで好きなだけ言わ**

せておく」という方法をとっています。アニメの「トムとジェリー」で、家猫のトムの攻撃を、ネズミのジェリーが巧みにかわし続けるようなイメージです。

とくに、仕事上の決定権がない立場の人が相手なら、陰でどんなに言われたとしても実害はありません。相手に「もうこいつはどうしようもない」「何を言ってもムダだ」と思わせたら、こちらの勝ちです。

要は「アンタッチャブルな存在」になってしまえばよいのです。

このように言うと、たいてい「メンタルが強いから」と言われます。

もちろん私だって、いろいろ言われれば傷つきますが、目的を達成するためには、ムダなストレスも時間も排除したいのです。

そして、相手が文句を言っているうちに、自分はすばやく行動し、邪魔をされる前に決定打を放つことを考えます。

▼好かれようとしない

攻撃してくる相手の中には、余計な工程を増やすなどして足を引っ張ろうとする人もいます。

たとえば、「これをやらなくて本当にいいの?」と聞かれたら、私は「必要かもしれないから、代わりにお願いできる?」と返します。

文句を言ってくる人は、口だけで行動できないタイプが多いので、このように返せば、たいていもう何も言わなくなります。もし相手が本当にその作業をやったとしても、もともと自分はやる必要がないと判断していたことなので、害はありません。勝手にやらせておけばいいだけです。

「敵を作らない」ことは基本ですが、このような相手には、味方になってもらわなくてかまわない、と私は思っています。文句を言うばかりで行動してこなかった人から、こちらが学べることは少ないからです。せいぜい「自分はこうならないようにしよう」と、反面教師にするくらいではないでしょうか。

自分のためにならない人間関係にかける時間と労力があったら、目的達成のために使うべきです。**「好かれようとしない勇気」**も必要なのです。

「怒り」は仕事の原動力となる

凡人→むやみに怒るか、常に怒りを押し殺すかのいずれか
天才→怒りを意図して使いこなす
メリット→怒りを目的達成のエネルギーに変換できる

仏教では、人間の感情を七情《しちじょう》に分けているそうです。よく「喜怒哀楽」という言葉を聞きますが、それよりもさらに多い「喜・怒・哀・楽・愛・悪・欲」です。

マイナスに思える感情も、人間には必要なものということでしょう。私自身も、基本的に人間にはムダなものは備わっていないと考えています。

そのような視点で見ると、「怒り」も決して悪い感情ではありません。

もちろん、やみくもに怒るのはよくありませんが、**目的を持って適切に怒ることはいい結果を生むきっかけになります。**

周囲の目を気にして怒りを押し殺しているとストレスを抱え込んでしまいます。必要なときには、怒ることが大切です。

ＢＢＣによる「１００名の最も偉大な英国人」に選ばれたジョン・ライドンは、「怒りはエネルギーだ」と言っています。彼は、１９７０年代の不景気が加速したイギリスで、歌を通じて階級社会を批判し、労働者階級から支持されました。私が怒りを使いこなすことを考えるきっかけになった人物です。

怒りがもたらす効果

自分自身に向けた怒りも、時に大きな起爆剤になります。

いい結果が出なかったとき、自分のふがいなさに苛立った経験をした人は多いでしょう。その怒りが、次の挑戦につながるエネルギーになります。

よくスポーツ選手が「悔しさをバネに頑張ってきた」というようなコメントをしていますが、これがまさにそうです。

八つ当たりしたり、そこでくじけたりするのではなく、その結果をしっかり受け止め、改善する意識を持つことができれば、怒りは、頑張るためのモチベーションになるのです。

他人に対しても、むやみに怒ることは避けるべきです。

たとえば部下がミスをした場合でも、部下を怒鳴りつけるのではなく、そういう状況を招いてしまった原因は自分にもあると考え、問題点を探るようにします。

そのように考える癖をつけると、結果的に自分自身の成長につながります。

他人が明らかなミスをしたときも、大声をあげたり、物を投げたりするのではなく、直してほしい点を具体的に伝えることを第一に考えます。よく感情だけをぶつける人がいますが、**目的は怒ることではなく、問題点を改善すること**です。そこを間違わないようにすべきです。

また、怒りは、他人からの理不尽な口出しを阻止するためにも使えます。

私自身がそうなのですが、普段怒らないでいると、「押しに弱そう」「都合よく動かせそう」などと甘く見られてしまいがちです。そう思われると、無理な要求をされたり、雑に扱われたりしかねません。

そのような事態を防ぐために、ときどきは怒りをあらわにします。料理におけるスパイスのようなもので、普段怒らない人が怒ると効果があります。怒ると決めたらためらわず、明確に、鋭利に表現することです。

以前の職場で、年配の看護師が、自分が楽をしたいがために、患者さんの治療を軽くさせようとしてきたことがありました。私は、直接本人に会いにいき、「仕事をしたくないからそういうことを言うんですか?」と、尋ねました。医業の世界では、患者さんのためになることをするのが共通目標ですから、そこを指摘したら、相手は何も言い返せませんでした。

このように、組織理念や職業倫理に反していることを前面に押し出すと、感情的な反論を封じることができます。

明らかに自分が楽をしたい、ずるをしたいと思って行動している部下などにも、このような方法が有効かもしれません。

また、緊迫したシーンなどでは、擬似的な怒りの感情を持つことで、集中力が高まります。

「絶対にミスしてはいけない」と、自分で自分を怒り、叱咤激励するイメージです。そうすることで気持ちが引き締まり、普段通りの力が出せます。
怒りの活用方法の別バージョンとして、ぜひ実践してみてください。

「やらされている感覚のない」人は成果が出やすい

凡人 → やらされている感覚が強く、物事が続かない
天才 → いろいろなことに興味を持ち、主体的に関わる
メリット → 物事をやり遂げることができる

「好きこそものの上手なれ」ということわざがあります。

好きなことには自然に熱中するので上達する、という意味です。

たしかに、趣味をはじめ、好きでやっていることは、時間を忘れて没頭してしまい、気づくと知識が深まっていたり、技術が向上していたりするものです。

それと同じように、何にでも興味を持って楽しめる人は、目を引く成果を出しています。

かのアルバート・アインシュタインも、**「わたしには、特殊な才能はありません。ただ、熱狂的な好奇心があるだけです」**と語っています。彼は、物理学の常識を覆した「相対性

理論」、ノーベル賞につながった「光量子仮説」を含め、数々の偉大な業績を残しています。「天才の象徴」である彼を突き動かしていたのは、未知のことを知りたいという、純粋な探究心だったのでしょう。

成果＝効率×時間

成果を出すためには「効率」が大切です。

しかし、効率だけを追求しても、成果には結びつきません。十分な時間、努力しなければ成果は出ないのです。

そのことに気づいていない人があまりにも多いように感じられます。

みなさん、小学校のときに「道のり＝速さ×時間」という式を習いましたよね。

これを成果、効率、時間の関係に置き換えてみてください。

「成果＝効率×時間」となります。

どんなに効率を高めても、そこにかけた時間が少なかったら、成果には結びつきません。

目的を達成するには、モチベーションを維持して「やり続けること」が必要なのです。

米国の心理学者アンジェラ・リー・ダックワース氏は、多くの成功者に共通する点として「『グリット（やり抜く力）』を持っていること」を挙げています。

「グリット」という単語の意味は、「根性、気概」なので、「根性論」と誤解されがちですが、そうではありません。何かをやるとき、ほんの少し意識を変えるだけで、この「やり抜く力」は自然と強化されます。


では、どう意識を変えたらいいのでしょうか。

そのカギを握るものこそ、先ほどお話しした「楽しい」「面白い」という感覚です。「やらされている」のではなく、**「楽しいから自主的にやっている」という気持ちがポイント**なのです。

動機は何でもかまいません。今やっていること、これから始めることを、「好きになる」ことです。それが難しければ、「もう少し関わりたい」と思えるようになればいいのです。あるいは「この人のようになりたい」でもよいでしょう。

新しい発見を見つけられるかどうか

物事を「好きになる」コツは、そこに**「新たな発見」を見出す**ことです。

何か新しいことがないか、自分が知らないことがないかを探して興味を持つようにすることをおすすめします。

私の恩師は、数十年、毎日同じように診察を続けています。

ある日、失礼を承知で、「同じことをずっとやっていてマンネリ化しないんですか？」と尋ねたところ、「毎回、何かしら新しい発見があるから飽きないんだよ」と、答えが返ってきました。

私は個人的にルーティン作業は苦手なのですが、これを聞いて、繰り返しの中にも新しいこと、未知のことがあるのだと学びました。

それからは、同じことをするにも、ムダのない方法を探したり、違った解釈ができないか考えたりして、物事に新鮮な側面を見つける意識を持つようにしています。

このように意識を変えていくと、あらゆることを自発的に継続できるようになるので、成果が出やすくなります。さらに、成果が出ると楽しくなるので、もっと積極的に動けるようになります。
この「成功グセ」を身につけてしまえば、もう、怖いものなしです。

第3章

普通の人は型にこだわり、頭のいい人は準備で差をつける

【時間術】——脳を使いこなして、時短を可能にする

時間は誰にとっても平等です。古代メソポタミアの時代から、一日は24時間と決まっています。しかし、同じ時間内でいくつ成果を出せるかは、人によって違います。作業にかかる時間を短縮する「ムダを省く術」を持つ人だけが、多くの成果をあげることができます。

直感を使いこなして「ショートカット力」を高める

凡人→直感を盲信したり、反対に否定したりする
天才→直感を解放し有効に使う
メリット→論理の背後で押し殺していた直感をうまく扱うことで、時短が可能になる

仕事における主要評価項目の1つに、「はやさ」（早さと速さ）があります。いくら正確でも、人より時間がかかってしまったら、高く評価されません。基本的に仕事は、「正確にやるもの」だからです。「はやさ」が違いを生み出します。

仕事ができる人には2タイプいます。**決まった作業をすばやくスムーズにこなせる人**と、**答えに到達するのが早い人**です。前者はさほど珍しくありませんが、後者、あるいは両方の要素を備えた人となると、数がぐんと減ります。

正解にいち早く到達できる人は、いったい何をしているのでしょうか。私が思うに、そ

うした人たちは「直感」を使いこなしています。

直感とは、「推論や考察をせず、感覚的に物事を捉えること」です。論理的な理由付けを間に挟まないため、即座に発動します。第1章でお話しした「ベテランのさじ加減」は、無意識的なパターン認識であり、直感の一種と言えるでしょう。

もしかすると、ふわっとしていて、怪しいもののように感じられるかもしれません。かつての私もそうでした。しかし、実は科学的にも直感の存在と問題解決への関与が示唆されており、訓練で精度が高まる可能性すらあるのです。

私が直感の有用性に気づいたのは、JAPAN MENSAで交流のある友人の「直感は経験や感覚などに基づく複雑なものなので、実際そんなに外れない」という発言を聞いたときでした。

それまではむしろ、「ミスにつながる邪魔なもの」として脇に追いやっていた直感を、1つの手段として使いこなそうと考えるようになったのです。

個人的に検証したところ、慣れた領域の問題解決に限れば、直感は7、8割当たっていました。一方で経験がほとんどないことに関しては、いわゆる「当てずっぽう」になってしまい、安心して使えないこともわかりました。

直感を武器にする

では、「直感」をどう使うのか。

私の方法は、直感で即座に答えのあたりをつけた後、論理的にその妥当性を検証するというものです。**「直感・論理分析」**と呼んでいます。

たとえば、「イベントの集客数を増やすために、A～D案のどの方法をとるべきかこの場で意見が欲しい」と、上司から尋ねられたとします。このとき、A案から1つずつ詳細な検討を始めたとしたら、結論を出す頃には、話が終わっているかもしれません。自分をアピールするせっかくの機会を逃さないためには、「はやさ」が必要です。

直感・論理分析では、直感的に最も実現可能だと思った案から、妥当性を検証します。第1章の「自分の基準を持って、『2択』で詰める」でも紹介した、「5項目チェックリスト」が自分用にカスタマイズできていれば、それを適用してかまいません。

B「クラウドファンディングで資金を集めつつ宣伝する」

①費用が妥当か→○うまくいけば資金はむしろ増える

②自分の負担→○情報を拡散する必要はあるが、さほど負担ではない

③個人的な印象のよさ↓×打算的な印象を与えないか心配
④効果が見込めそうか↓◯普通に宣伝するよりも話題性がある
⑤既知か未知か↓◯古くはない

このように、◯が3つ以上つけば妥当な案と判断します。

▼直感を活かすことの重要性

直観・論理分析は、自分が慣れている分野のことに限れば何でも使えますが、スピード感が求められる状況で特に威力を発揮します。

意見が分かれるテーマについて、多人数でディスカッションしている場面を考えてみましょう。誰かの個人プロジェクトについて、上司を含む全員が、思いついたことを次々言っています。このような状況では、何か言わなくてはいけない雰囲気に流されて、あまり役に立たないことが提案されがちです。担当者がその提案に翻弄された場合、時間と労力をムダにしてしまうことを、みな十分理解していないのです。

私が、そうしたディスカッションに参加するときは、直感的に不適切と思われる提案の

「引っかかる箇所」を論理的に検証し、それより妥当そうな案をすばやく出すように心がけています。その場で否定・提案しないと、不適切案が採用されてしまうかもしれないため、スピード感が大切です。

一つだけ注意しなくてはいけないのは、「直感」はあくまでも、いちはやく正解にたどり着くための内的なショートカット法であり、他人にとっては説得力に欠けるということです。他人を納得させるには、しっかり理由まで説明できなくてはいけません。

ただ、いい結果が出たあとで、「実は直感で……」と打ち明けるのはありです。直感が当たるキャラを確立できれば、得体のしれない凄みが出て、意見を求められやすくなります。

その他、私の場合、やっておかないと何となく不安に思うことは、必ずやると決めています。放っておくと、悪い結果につながることが少なくないので、嫌な予感は的中する前に処理します。

Apple創業者の1人、スティーブ・ジョブズ氏は、2005年にスタンフォード大学の卒業式で行ったスピーチのなかで、**「And most important, have the courage to follow your heart and intuition.：そして何より大切なのは、自分の心と直感に従う勇気を持つこと」**と、直感を活かすことの重要性を説いています。

問題解決や意思決定をスピーディーに行いたければ、論理の背後で押し殺していた直感を解放し、使いこなしましょう。

あえて複数のことを「同時進行」する

凡人 → 時間を気にせず、1つずつ片付けていく

天才 → 自分が決めた時間内に複数の作業を行う

メリット → 同じ時間を使ってより多くの成果が出せる

仕事が早い人と、そうでない人の違いはどこにあるのでしょうか。

その差は、**「時間の使い方」**にあります。

短時間で仕事を達成できる人は、同じ時間の中で複数のことをやっています。自分のペースで1つひとつ終わらせてから次の仕事に取りかかる、という人もいるでしょう。それが可能ならいいのですが、複数の案件が同時に押し寄せてきた場合にはそんな悠長なことは言っていられません。

私も常に複数の業務を抱えていますが、「就業時間内に仕事を終わらせる」と決めています。

それを可能にしているのが、**「限られた時間内で複数のことを同時進行する」意識**です。同時進行といっても、朝食をとりながら書類にサインをする、電話をしながらメールを打つ、という意味ではありません。やらなくてはいけない複数のことを、自分で設けた制限時間内に割り振り、その時間が経ったらすべて終わっているようにするのです。制限時間ありきで、それぞれの仕事にかける時間を決める、と言い換えることもできます。

ロッテのガム「ACUO」のロゴや、スーツケースのプロテカの車輪のデザインで知られる佐藤オオキ氏は、常時４００件以上のプロジェクトを動かす人気デザイナーです。

仕事における「時間の使い方」について、私と彼の考え方は似ています。彼の言葉を借りると、**仕事のスピードは「いかに並行して仕事をすすめられるか」次第で、「同じ時間で5倍、10倍の量の仕事を処理できていれば、結果的に仕事を超高速でこなしていることになる」**のです。

▼やるべきことをシミュレーションする

まず朝起きたら、今日1日のやるべきことをざっと頭の中でシミュレーションします。

私の場合、外来診療が始まってしまうとほかの業務ができないので、始まるまでの1時間の間に、できるだけ仕事を終わらせるようにします。一般的な仕事に置き換えるなら「始業開始から1時間」というタイムリミットを設けると思ってください。

この1時間の間に、優先順位を決めて仕事をします。

優先するのは、「自分がボトルネックになってしまうと進行が止まってしまう作業」です。私なら、患者さんの経過把握と治療の指示出し、紹介状作成、電話やメールといった事務連絡です。会社の業務なら、「仕事の発注」や「資料作成」、「事務連絡」となります。

1時間という制限時間の中で、これらの複数のことを処理できれば、その先の業務がぐっとスムーズになります。自分のところで止めず、早く相手にボールを投げてしまう感覚です。ボールを渡しさえすれば、あとは相手がバックグラウンドで作業を進めてくれますし、迷惑をかけることもありません。

複数人が関わる仕事をできるだけスムーズに進めたいとき、自分にできるのは、相手の待機時間を短くすることだけです。相手の作業スピードは相手次第だからです。

設定した時間内に複数のことを処理するには、詰め込みすぎないことが大切です。あまり数が多すぎると、焦燥感にかられ、作業の精度が落ちてしまいます。

第2章でもお伝えしましたが、脳の「作業スペース」には限りがあります。同時進行できるのは、せいぜい3つくらいです。優先順位の高い作業を3つ決めたら、4つ目以降はいったんスペースから降ろし、今載っている作業を減らしてから、再度上げるようにするといいでしょう。

優先順位の低いものはいつまでも残ってしまいがちですが、私は、隙間時間などを有効に使って「翌日までには仕上げる」という自分なりのルールを設けています。仕事を残したままにしていると、プライベートの時間中も気になってしまうものですが、このようなルールで動いていれば、精神的なストレスも軽減されます。

大切なのは、「仕事をためない」という意識です。常にマイペースで仕事をしていたら、たいして何もできないまま日が暮れてしまいます。いわゆる「締め切り効果」と同じで、制限時間を設けることで、集中力が上がり、効率は断然アップします。

この意識が、ひいては「時短」につながるのです。

頭の「自動整理機能」を利用する

凡人 → 決まった場所でないと作業が進まないと思っている
天才 → 作業から離れることで意図的にひらめきを起こす
メリット → ほかのことをしているのに作業が進むようになる

じっくりと考える必要のある作業をするとき、机やノート、ペンなど典型的な環境や物がないと作業できないと思っている人は多いのではないでしょうか。

ところが、人の脳は思っている以上に優秀な機能を持っていて、まったく関係のないことをしているときにも、自動的に情報を整理してくれるのです。

何気なく過ごしているときでも、その**脳の「自動整理機能」を認識しているだけで、考えは深まっていきます**。とくに何かアイデアを出さないといけない場合、机に向かっているときよりもひらめきが浮かぶことが多々あります。短時間で結果に結びつくのだとしたら、この機能を利用しない手はありません。

▼アイデアが自動的に生まれる

私は、朝と夜にシャワーを浴びることを日課にしているのですが、そのときにアイデアが湧いてくる確率が高いと感じています。脳科学的解釈によれば、これは、シャワーを浴びると脳内でドーパミンが分泌されるからで、ほかには、運動や車の運転、料理などにも同じ効果があるといわれています。JAPAN MENSA 会員で脳科学者の茂木健一郎氏は、ランニングを日課にしているそうです。「研究や執筆のアイデアは、走っているときに生まれることが多い」と述べています。

取りかかっていた作業からいったん離れることで、思考がリセットされ、ドーパミン分泌とあいまって**「アイデアが孵化する」**のです。

アイデアを出したいときは、先に脳に情報を入れることが必要です。

私の場合、申請書や原稿など内容を練る時間が必要な作業の前には、求められている条件に目を通し、把握しておくようにします。その状態で、シャワーを浴びていると、よくアイデアが湧いてくるのです。

企画書の作成なども、締め切りギリギリになってから条件や要項を読んで始めるのでは効率が悪く、時間をムダにしてしまいます。少しでもいいので早めに着手し、何が求められているかを把握しておくとよいでしょう。

もう一つ、頭で自動整理される前の状態の成果物は、いわば「出来損ない」であることも認識しておきましょう。

頭を悩ませ、何度も見直して完成させた文書やメールの下書きを翌日読んだとき、まだ修正すべき点がたくさんあることに気づいた、という経験がある人もいると思います。これは、前日の段階では、まだ頭の中が自動整理されていなかったからです。いったんその作業から離れて時間を置くことで、おかしな表現に気づいたり、もっといい文章を思いついたりしやすくなります。

作成した文章は、少し時間を置いてからもう一度見直す習慣をつけておくべきです。

作業がうまくいっていないときほど古いアイデアに固執してしまうものですが、そんなときは、頭の「自動整理機能」を利用して新しいアイデアを生み出しましょう。時間をかけたうえに結局修正することを考えたら、このほうがはるかに効率がいいのは明らかです。

「損切り」の発想で、中止するタイミングを決めておく

凡人→淡い期待を捨てきれず、だらだら続ける
天才→メリットがなくなったらすぐにでもやめる
メリット→時間と労力を節約できる

物事をいったん始めてしまったら、あとは「続ける」か「やめる」かのどちらかしかありません。

効率が悪かったり、成果が出なかったりしているのなら、思い切ってやめることを考えるべきです。それがわかっているのに、いつまでも続けてしまうケースが少なくありません。

それは、ギャンブルをやめられない人が「このまま賭け続けていれば、いつか倍になって返ってくる！」などと思い込むのと同じで、「時間をかけた分、きっと結果が出るはず」

と、思ってしまうからなのです。

しかし、すべては結果ありきです。手段や過程が評価されるのも、結果が出てこそ、です。自分自身の成長も、結果を重視する姿勢があるかないかに左右されます。結果がよくなかったときに、「頑張ったからしかたがない」と言ってしまっては、そこですべてが終わってしまいます。

結果が出ないことにいつまでも固執するのは、時間と労力のムダです。

株や投資の「損切り」と同じように、**損失が一定の基準に達した時点で、手仕舞いにするのが賢明**なのです。

元株式会社ライブドア代表取締役ＣＥＯの堀江貴文氏は、「損切りのコツは、とにかく勇気を出すことだ。どの段階にきたら、やめたほうがいいのか、自分ではっきりと意識しておくべきだろう」と述べています。

やめるタイミングを見極める

できないものに見切りをつけるには、タイミングが重要になります。

私は留学先で基礎研究をするのですが、「留学中に目立った成果が出なければ臨床に戻る」とはっきり決めています。いい業績をあげられないのに研究を続けても、遅かれ早かれ研究職を追われることになるからです。

必ず期間を決めて、その期間内に目標を達成できなかったらやめるようにします。そうすれば、いつまでもダラダラと続けることはなくなります。

日常でも、漫然と続けてしまい、やめるタイミングを逸しているものがあります。SNSなどがいい例です。

続けることに意義を感じなかったり、苦痛になってしまったりするくらいだったらやめることをおすすめします。

これも、たとえば「1か月間一度も更新できなかったらやめる」など、ルールを設定するとよいでしょう。

「損切り」の発想を逆手に取る方法もあります。

結果が出そうなものは、先にやるのです。

試験でも、わからない問題は飛ばして解ける問題から解いていくという王道の手法がありますが、それと同じです。

こだわるべきは結果であって、順番を守ることではありません。できるものを次々「確定」していくほうが、効率よく成果が出せます。

時間と労力の節約のためには、**「割り切る潔さ」**が必要です。

「リストアップ」で作業を加速させる

凡人→何かをするとき、まず思い出すことから始める

天才→思い出す手間を省く工夫をしている

メリット→すぐに作業に取りかかれる

「脳の作業スペースに同時に置いておけるのは3つくらいまで」ということを何度かお話ししてきました。

3つまでは覚えていても、4つ目以降はどうしても忘れやすくなります。本当に忘れてしまったら重大なミスを招くかもしれませんし、仮に何とか思い出せたとしても、それまでの時間をロスしてしまいます。

私は、ＴｏＤｏリストを作ることで、そうしたリスクと手間を省き、作業効率をアップさせています。

実は、これには心理学的な裏付けがあります。心理学者で作家のデイビット・コーエン

博士は、やるべきことをリスト化するメリットとして、**「混沌としていたものが整理されることで不安がやわらぐ点」「計画を立てやすくなる点」「やり終えた証明があると達成感が得られる点」**の3つを挙げています。

リストの作り方

私の場合、期間別に2種類のリストを使い分けています。

「リスト1」は、日常業務をこなすためのリストです。1週間以内にやるべき仕事を書き込み、終わったら消去します。院内を移動しながら仕事をしているので、携帯端末のメモアプリを使っていますが、机での業務がメインの人なら、紙に書いたり、付箋を活用したりしてもいいでしょう。終わったら、紙なら線で消し、付箋なら剥がして捨てます。

基本的に仕事の項目に絞っているので、このリストの内容は、「月曜日から金曜日までにやること」です。終わらなければやむを得ず次週に持ち越しますが、私はほとんどその週のうちに消化するようにしています。

ここで**大切なのは、「リストを作るのに時間をかけないこと」**です。リストを作るのは、忘れないための手段であって、作ること自体が目的ではありません。多少汚くても、自分さえわかれば十分です。

また、当日すぐに取りかかれる案件は、リストには加えません。忘れる前に完了できることを入れるメリットはないからです。

書類など、「現物」が目に見えるところにあるものも、記入する必要はありません。**あくまでも、やるべきことを可視化し、思い出す手間と時間を省くためのリストであるとい**う認識を強く持ってください。

もう一つの「リスト2」には、月単位での計画や、時間を要することをリストアップします。私はクラウド型のメモアプリを使い、3か月くらいで消化するイメージで書き込んでいます。プライベートな時間まで使って考えたりリサーチしたりするような仕事や自己研鑽的な項目、いつかやりたい趣味の項目などがここに含まれます。

リストの項目は、「重い」「普通」「軽い」に分け、それぞれ1：3：5くらいにするのが、私のルールです。時間のかかる重い項目は1個、普通くらいのものは3個、比較的時間のかからないものは5個を目安にします。下に行くほど裾野が広がる、ピラミッド型のイメージです。

私の例を挙げると、重いものは「論文投稿」です。これは、ほかの項目に比べてやはりいちばん時間がかかります。普通のものは、論文よりもハードルの低い「専門医試験」「助成金申請」「洋書を1冊読む」などです。

軽いものの例は、「銀行で手続き」「イベント参加」「オセロが強くなる」「生でサッカー観戦」「ベースを練習」などです。やろうと思えば簡単にできるけれどなかなかやれていないことや、やってもやらなくてもいい趣味の項目などです。

ＴｏＤｏリストの作成は多くの人が実践していると思いますが、ただ項目を並べるだけでは漠然としたものになってしまい、結局、何も達成できなかったというような事態に陥ってしまいがちです。その点、この「リスト2」は、およそ3か月という時間軸を設け、「重さ」で分類することで見えにくい時間が把握でき、項目もしっかりと整理できます。

「リスト1」では、終わったものは消去していきますが、「リスト2」では、○をつけ、達成履歴として残しておきます。こうすると、達成感や充実感が生まれるだけでなく、「自分はやれる」という根拠のある自信がつきます。また、8割くらい達成できれば○Ｋとします。

このような意識で気楽に○を増やしていけば、プレッシャーがかかることなく、やってみたいことに手を出すモチベーションがアップしていきます。

「思い出す」という行為は、意外に時間とエネルギーを消費します。**作業項目をリストアップし可視化することで、そうしたムダを省くことができる**のです。

「リサーチ」に時間をかける

凡人→問題が起きてはじめて悩んだり調べたりする
天才→事前準備に時間を割く
メリット→不要なトラブルが減るので結果的に時間を短縮できる

物事は、「初動が肝心」とされています。

早く取りかかるのは悪いことではないのですが、行き当たりばったりで道を選択すると、修正するのに時間がかかり、かえって遠回りになってしまいます。

その点、**成功している人、頭のいい人は、事前に下調べをしっかり行ってから行動しています**。準備をするのに多少時間はかかりますが、トラブルが起きるリスクが減るので、結果的には時短につながります。

いわば「急がば回れ」ですね。

私の周囲には、数多くの研究者がいます。彼らの仕事は、端的にいうと、まだ証明されていない仮説を検証し、論文として世の中に発表することです。画期的な成果が出れば、医学の発展に大きく貢献することができます。

研究計画を立てるうえで必要不可欠なのが、入念な下調べです。下調べが足りないままスタートすると、途中で計画の不備や論理の破綻に気づき、プロジェクトが頓挫する可能性があります。研究は年単位の時間を要することも珍しくなく、莫大なお金がかかるので、そうした事態に陥るのは避けたいところです。

何をリサーチするべきか

私は研究計画を立てるときはもちろん、プライベートを含めたあらゆることで、事前リサーチに時間をかけるようにしています。

では、どうやってリサーチするのがいいのでしょうか。

まずは、**やろうとしていること（目標）の全体像を把握します**。優れた計画を立てるには、目標を狭い範囲で捉えるのでなく、目標に関連する項目まで含めて、俯瞰する必要があるからです。

研究であれば、関連文献を読み漁りますが、一般的には、インターネットで関係のありそうなキーワードを検索し、特集記事やレビューを読んで全体像をつかみます。このとき注意したいのは、一つの情報ソースに頼らないことです。これまでもお話ししてきたことですが、必ず複数のソースから共通点を抽出します。皆が共通してやっていることや考えていることは、それなりに信憑性があるからです。

インターネットの情報とはいえ、たくさんの人が口を揃えて「買ってよかった」と言っている商品には、何かしら優れた点があるはずです。悪い噂だけでなく、いい噂についても、火のないところに煙は立たないのです。

また、**本を読んだり人に聞いたりして情報をつかむのも有効な手です**。目的に合う本が見つかれば、まとまった情報を入手できるので、インターネットでちまちま検索するより早いこともあります。

もし、周りに詳しい人がいるなら、やってよかったことだけでなく、やらないほうがよかったこと、すなわち「失敗談」についても詳細に教えてもらうべきです。

微生物ミドリムシ（学名ユーグレナ）の大量培養に世界で初めて成功した株式会社ユーグレナの社長・出雲充氏は、研究者たちの失敗したデータを集め、そこから成功にたどり着いたそうです。

次の失敗を繰り返すリスクを減らし、結果的に時短につながったケースといえます。

リサーチに時間をかけることで、不要な失敗を未然に防ぐことができます。知識も自分の中に残っていきます。その知識があれば、次回以降はより早く決断できるようになります。

「知識が時短を可能にする」のです。

第4章

普通の人はその場しのぎでやり取りし、頭のいい人は用意周到な計画で操作する

【仕事術】――自分主導で物事を動かし、表向きはサポートに徹する

仕事で高く評価されるには、指示された通りに漫然と作業をこなすだけでは不十分です。要所要所で自分の意見を通し、周囲の人間を巻き込みながら、成果をたぐり寄せなくてはいけません。つまり、自分に都合のいい状況を作り出す、ある意味「ずるい」仕事術が必要です。

少人数の時間を大事にすることで、自分の「サポーター」を増やす

凡人 → 誰にでも好かれようとして群れる
天才 → 孤独を好み自分の理解者にだけ手厚くする
メリット → 不要な人間関係に翻弄されずに済む

仕事のうえで人間関係が重要なのは、言わずもがなです。

とはいえ、誰とでもうまくつきあうことはなかなかできません。

直属の上司とはいい関係を築いておいたほうが無難ですが、決定権を持たない、相性の悪い同僚とは、無理に仲良くする必要はないと私は考えます。

大人数の飲み会に呼んでもらえることを一種のステータスだと思っている人をよく見かけますが、そのような場では本音で話すことは難しく、関係が深まることはないので、私は気が向いたときしか参加しません。

それよりも、**1対1、もしくは2、3人の少人数で会う時間を大切にしています。**

「天才は孤独だ」という言葉を聞いたことがあるかもしれません。

これは、傑出した能力があると周囲に理解されにくく、精神的に孤立してしまうことを表したものですが、私の場合は、むしろ「孤独」を好んでいます。

私も以前は、自分のことを理解してくれない人が大勢いることに悩みました。しかし、あるとき、そうした人たちは、ドラマや映画の「エキストラ」と同じで、自分の人生からすぐに消えていくことに気づいたのです。

大人数の会に参加して、そのような一過性の人間関係に翻弄されるくらいなら、1人で「百年の孤独」のお湯割りを飲みながら空想にふけるほうが、はるかに有意義な時間を過ごせます。

▼自分のサポーターを探す

本当に気の合う人たち、話の合う人たちと過ごすのはストレスがたまりませんし、そのような人たちは、自分を理解し支持してくれる**「サポーター」**になってくれます。

サポーターとは、どのようなものなのかというと、**「見返りを期待しない関係を持つ者同士」**です。

「ギブ&テイク」という言葉がありますが、これは「相手に何かしたから、何か返してもらいたい」、あるいは逆に「相手に何かしてもらったから、何かお返しをする」という発想ですよね。

私のいうサポーターとは、そのような意識がなくてもギブし合える関係、つまり「ギブ&ギブ」の関係にある人です。見返りを期待せず、本心から相手によくしたい、何かをあげたい、と思えるような相手です。その「何か」は、物やお金という意味ではありません。情報や刺激、インスピレーションなど、相手のためになることすべてを含みます。与え合って、お互いがお互いのサポーターになるのです。

Amazon.comの共同創業者であるジェフ・ベゾス氏も、付き合う人間を厳選することで有名です。彼の言葉に、「人生は短いから、つまらない人と付き合う暇なんてない」というものがあります。

サポーターを作るためには、まず、気の合いそうな人、つきあったらうまくいきそうな人に声をかけ、1対1あるいは2、3人で会う機会を設けます。

たまたま出席した大人数の飲み会で出会った人なども、相性がよさそうと思えば、個人的にメールを送って少人数の会に誘います。

その人たちがサポーターになるかならないかは、第1章の「自分の基準を持って、『2択』で詰める」でご紹介した「5項目チェックリスト」を応用して判断します。

①損か得か→つきあうのにお金がかかるかどうか
②続けられるか続けられないか→関係が長続きしそうかどうか
③好きか嫌いか
④合うか合わないか
⑤既知か未知か→新鮮かどうか

▼サポーター育成の3つのポイント

この基準をもとに見極めたら、少人数で会う機会をさらに増やします。2回会えば「親しい人」という認識が生まれ、3回会えばもう「心の友」になります。

こういった少人数での交流を経たら、次はもう少し人数を増やした「サポーター同士の交流会」を開いてもよいでしょう。交流がさらに広がり、結束も強くなります。

サポーターと接する際には、意識しておきたいポイントがいくつかあります。

①自分から、思っていることを話す

とくに、自身のプライベートな事柄を自分から話すように心がけます。そうすると、相手も同じように心を開き、自分のことを打ち明けてくれます。第2章でもお話しした「自己開示の返報性」の法則です。

私の場合、職場では基本的にプライベートを話題にしないため、このようにすると「自分だからこういう話をしてくれるんだ」と、特別な相手だと思ってくれるようになります。

②会う約束は必ず守る

「また今度会おうね」と気軽に言葉を交わすことがよくありますが、リップサービスではなく、本当に会うようにします。遠方の相手にも「遊びに行くね」と言ったら、必ず会いに行きます。約束を守ることで、相手の大きな信頼を得られます。逆に、できない約束は、サポーターとの関係に悪影響を与えるので、しないほうがいいでしょう。

③「楽しい」と口に出すようにする

一緒にいて楽しいと思った相手には、心の中で思うだけでなく、口に出して伝えるようにします。「楽しい」と言われたら、たいていの人は同じ気持ちになり、親密度がアップします。

こうしてサポーターを増やしておくと、より働きやすい環境を手に入れることができます。会議で自分の意見を通したいときなど、2、3人のサポーターがいれば自分を支持してくれ、かなり意見が通るようになるはずです。

プライベートでも同じように交友関係を築くことで、そこから仕事につながるようなチャンスが訪れる可能性も大いにあります。

素晴らしい映画には、主人公を支える名脇役の存在が欠かせません。前に進みたいときには勇気づけてくれ、落ち込んでいるときはケアしてくれるサポーターは、人生においてなくてはならない存在といえるでしょう。

器用に何でもこなすより、「一芸」に秀でたほうが評価される

凡人 → 中途半端にあれこれ手を出す
天才 → 興味のあることだけを徹底的に究めようとする
メリット → キャラが立つことで優遇されるようになる

何でもできる人は、よく「器用だ」といわれます。しかし、すべて平均点くらいの出来だとしたら、たいした強みにはなりません。**「何でも」という「数」ではなく、「どのくらい」という「質」が重要**です。

一般的に頭のいい人たちは、興味がある分野だけをとことん追究します。**「広く浅く」より、「狭く深く」**なのです。狭く深く追究した結果、ほかの人をはるかに超えるレベルに到達し、「マニア」「オタク」と呼ばれるような人たちが生まれます。

マニアには、成功者が数多くいます。それぞれの分野を究めたトップなので、当然といえば当然ですよね。逆にいえば、マニアでなければ、なかなかその域まで到達できません。

Pay Pal の前身である X.com を設立したイーロン・マスク氏も、「成功したマニア」の一人と言えます。

マスク氏はコンピュータが大好きで、10歳でプログラミングを独学し、12歳のときにはゲームソフトを自作していたそうです。現在はロケット開発会社スペースX、電気自動車会社テスラのCEOを務めており、イノベーターの代表的存在となっています。

一芸でチャンスをつかむ

限られた時間の中では、あまりたくさんのことはできません。自分の特性を活かしつつほかと差をつけるには、中途半端にあれこれ手を広げるのではなく、興味のあるものや、それと関連するものに絞って力を注ぐべきです。「一芸に秀でる」ことは、仕事のうえで大きなチャンスになります。

仕事における私の一芸は、「英語」です。

以前の職場では、外国人の患者が来たときの対応はすべて私に任されていました。意外かもしれませんが、ほとんどの医者は英語が苦手です。私は英語ができるので、特別な役割を与えられていたのです。学生時代に米国を訪れたときは、帰国子女ではないのに発音が綺麗だということで、現地の言語学者から、どうやって学んだのか尋ねられたことがありました。留学先を探しているときも、英語が流暢なことを珍しがられ、複数の研究室から興味を持ってもらえました。日本人が、日本語を流暢に話す外国人に親しみを感じるのと同じ理由です。

また、「芸」がいくつかある場合は、掛け算の発想で組み合わせることで、より強力にできます。たとえば、同職種以外が相手なら、私の一芸は「英語」×「医学」となります。よりユニークさを出すために、趣味と組み合わせてもいいでしょう。趣味は自分の興味をダイレクトに反映しますから、キャラを立たせるのに役立ちます。

「この分野なら戦える」「これなら任せてください」と言えるようなものが一つでもあると、周囲から頼られ、一目置かれる存在になります。

一般的な業務なら、「エクセルが使いこなせる」だけでも十分です。普通に使える人はたくさんいますが、ショートカットキーや関数を使いこなしている人は、職場では頼られる存在になるはずです。そして、そのような強みを一つ持っていると、ほかのことができなくてもカバーできます。

「エクセルがあれだけできるんだから、まぁこれはできなくてもいいよね」と、周囲が思ってくれるようになります。

自分が得意なことは、黙っていたら自分にしかわからないので、周囲に向けてどんどん発信すべきです。私の「英語」のように、日常生活で披露する機会が少ないものなら、前節の「サポーター」に広めてもらいます。サポーター同士は協力関係にあるので、何が得意か伝えておくだけで、勝手に広めてくれることが多いのです。こういう場面でも、サポーターの存在が生きてきます。

また、冒頭で「『広く浅く』より『狭く深く』」といいましたが、数がたくさんあるなら、「広く浅く」も強みになります。

たとえば、「雑学王」と呼ばれるような人は、「何でも知っている」のがアピールポイントですよね。「10か国語を少しずつ話せる人」というのも、通訳は無理でしょうが、「すごい！」と人に思わせることができます。

要は、「人と違うキャラ」があればよいのです。お店の看板と一緒で、キャラが立っている人は、何が得意なのかがすぐ伝わり、かつ人にも簡単に覚えてもらえます。

自他ともに認めるような**一芸、キャラを持つことはチャンスにつながるだけでなく、何かに挑戦するときに不可欠な「自信」をもたらします。**

相手の状況を「インストール」して巻き込む

凡人 → 何となく思いついた言葉を投げかける
天才 → 相手が言ってほしい言葉を把握している
メリット → 相手を味方につけることができる

やりたいことが思うようにできないのはなぜでしょうか。

もし自分に原因がないとすれば、「環境」のせいかもしれません。

その環境を主に形成しているのは、自分以外の「人間」です。

つまり、**周囲の人をうまく味方につければ、自分がやりやすい状況を作れる**のです。

相手を味方につけるには、相手からも「この人は私の味方だ」と思ってもらう必要があります。

そのために最も有効な方法は、ズバリ、**「ほめる」**ことです。

「ほめる」といっても、おだてたり持ち上げたりするのとは少し違います。相手の努力や苦労を認めてあげるのです。人間には基本的に承認欲求があるので、そういうほめ方をすれば「認めてくれているんだ」と、信頼してもらえるようになります。

コーチングに関する本を複数出している鈴木義幸氏も、『コーチングのプロが教える「ほめる」技術』(日本実業出版社)の中で、自分の存在を認めてくれた相手に対し、人間が「絶対的な信頼」を寄せてしまうと述べています。

ほめるときには、「相手がどんな人なのか」を考慮する必要があります。

考慮すべき点は、年齢や職業などもありますが、いちばんのポイントは**「性格」**です。

私は、「明るいか暗いか」「大ざっぱか気遣いができるか」の2つの点に着目するようにしています。

そのうえで、「明るくて気遣いのできる人」「明るくて大ざっぱな人」「暗くて気遣いのできる人」「暗くて大ざっぱな人」の4タイプに分類します。

ざっくりとではありますが、私の経験では9割くらいの人がこの4つのどれかに当てはまっていました。

そして、そのタイプごとに、どのような状況でどんな言葉でほめられたらうれしいか、を考えます。

よく「相手の立場に立つ」といわれますが、もう一歩踏み込んで、相手の状況を自分に「インストール」するようなイメージで考えるのです。

人はほぼ4つのタイプしかいない

私は、以下のように考え、言葉を選んでいます。

・明るくて気遣いのできる人

成果を出しているタイプなので、普段から人にほめられることが多いはずです。単にほめるよりも、気苦労をねぎらって「大変ですね」と声をかけてあげると、認められているという気持ちが強まるでしょう。

・明るくて大ざっぱな人

大ざっぱだと、なかなか認められることがありません。このような人には、努力しているのはわかっている、というニュアンスをこめて「頑張っていますね」と声をかけます。明るい性格なので、みんなのいる前で声をかけたほうが、よりうれしく感じ、素直に喜んでくれるはずです。

・暗くて気遣いのできる人

気遣いができるので成果は出ているのに、暗いがゆえに正当な評価は得られていないのではと思われます。このような人には、「頑張っていますね」と声をかけてあげると、成果をわかってくれている、と思ってもらえます。奥ゆかしいので、人前で言うより1対1の場で言ってあげるのがよいでしょう。

・暗くて大ざっぱな人

このようなタイプは、成果が出にくいためほめられる経験があまりなく、ネガティブになりがちです。なかなかうまくいかない状況に同情して「大変ですね」と声をかけると、勇気づけられるはずです。

４つのタイプ別にほめる言葉を書きましたが、**「大変ですね」**と**「頑張っていますね」**の２種類しかないことにお気づきでしょうか。

タイプは分かれていても、ほめる言葉はこの２つだけでよいのです。言うタイミング、相手の受け取り方次第で、それぞれの心に最も響く言葉になるからです。

この方法なら、誰でもすぐに実践できるはずです。

また、相手のタイプがわかると、この先どのような行動をとるのかが予想しやすくなります。それがわかると、先回りして相手の欲求を叶えたり、トラブルになりそうなことを未然に防いだりすることもできます。

このように、相手を味方につけて、自分にとって「都合のいい状況」を作り出すことが大切です。

相手の承認欲求を満たしてあげることで、自分の言うことを聞いてもらいやすくなります。「サポーター」とはまた違った、自分の支援者が生まれるのです。

他人本位ではなく、「自分主導」で物事を進める意識を持つ

凡人→他人に任せっぱなしにして失敗する
天才→他人をうまく誘導して成果を出す
メリット→仕事ができない人と組んでも成果を出せる

他人に任せたばかりに、「こんなはずではなかった」という思いをしたことのある人は多いのではないでしょうか。

自分が汗を流さずに、他人が勝手に物事を進めてくれるとしたら、この上なく楽です。また、誰かが自分の代わりに重要な決断をしてくれるのなら、精神的な負担はたしかに軽くなるでしょう。しかし、結局のところ、他人は自分にはなれません。任せたことを卒なくこなせる人はほんのわずかですし、うまくいかなかったときに責任を取ってくれる人はさらに少ないはずです。安易に誰かに頼ったせいで失敗し、自分の評価が下がるのは避け

たいところです。

自分に関わる物事については、基本的に自分主導で決めていく意識を持ちましょう。

「伝説の経営者」の異名をとる、元General Electric Company会長のジャック・ウェルチ氏も、**「自分の運命は自分でコントロールすべきだ。さもないと、誰かにコントロールされてしまう」**と、主体的に関わることの大切さを指摘しています。


とはいえ、組織で働いていると、すべてを自分主導で進めることはなかなかできません。他人は、自分の思い通りに動いてくれないことが普通だからです。そこで、発想を変え、**決断や作業を他人に任せながらも、背後で自分が状況をコントロールする**ことを考えます。

人を動かすには

みなさんの周りにも、本当はわかっていないのに、「わかった」と言う上司がいるかもしれません。このような上司は、内容を十分理解しないまま決断し、指示を出してきます。そして、こちらが指示通りに動いてうまくいかないと、「お前のせいだ」と言いがちです。

私はそのような状況になることを見越して、指示を逸脱してもトラブルを未然に防ぐようにしています。

さらに、その上司を含めた複数の人がいる前で、「考えすぎかもしれませんが」と前置きしたうえで「もしかしたら、こういうよくない結果が起こる可能性がある」とトラブルを予見していることを言うのです。実際にその通りになったら上司もとがめませんし、次からは自分の意見が通りやすくなります。上司と1対1で話すと「言った、言わない」になってしまうので、ほかの人がいる前で伝えるのがポイントです。

また、こちらから仕事を振ったときに「任せてください」「大丈夫です」と即答する後輩や部下もあてになりません。責任感のある優秀な人は、仕事を安請け合いしないからです。こういうタイプにお願いするときは、口頭で伝えた後、必ずメールを送り、依頼した内容を記録に残すようにします。本人だけではミスに気づかない可能性が高いので、要所要所でサポートし軌道修正することも必須です。

このような状況に持ち込んでしまえば、一見、他人の指示で動いたり、他人に任せたりしているようでも、自分が状況をコントロールできます。

それから、「自分は優秀」という「できるキャラ」を前面に押し出してくる人もいます。

こういう人にはあえて何も言わず、好きにやらせておくのが得策です。放っておけば自主的に動いてくれるので、足りないところをしっかりフォローすれば、戦力になってくれます。

これも、自分主導に持ち込むテクニックの一つです。サポーターと問題点を共有しておけば、なおいっそう動きやすい環境になるでしょう。

積極性が大事

さらに、このようなテクニックもあります。

本当はやりたくない仕事も、「やらせてください」「自分がやります」と自ら宣言するのです。

どうせ断れない仕事なら、いっそのこと快諾するほうが、やる気があると思われ、評価が上がる分だけ得をします。何より、そう言った瞬間から、他人にやらされるのではなく、「自分主導」の仕事になります。擬似的にであれ責任感が生まれると、積極的に仕事に関われるようになります。

以前、上司からプレゼンの仕事を振られ、「ぜひやりたいです」と言って引き受けたことがあります。断った人もいたのですが、それ以降、冷遇されるようになりました。一方、私のほうは、仕事を快く引き受けたおかげで上司との関係が良好になり、その後も何かといい機会を与えてもらうことができました。

安定していい成果を出したければ、自分主導で物事を進める意識を持ちましょう。

自分の未来は、自分で決めるのです。

「完璧を強要しない」ことで結果的に完成度が高まる

凡人 → 完璧を目指し自分のこだわりに執着する
天才 → 完璧主義の欠点を知っている
メリット → チーム作業の強みを最大限発揮できる

もともと私は、かなりの「完璧主義者」でした。

今でも、自分一人でやることであれば理想を高く持ち、入念に準備をして必ず結果を出すように心がけています。

しかし、他人に対しては、同じことは望みません。

とくにチーム作業の場合、完璧を強要してしまうと、自分も他人も苦しくなり、モチベーションが下がってしまいます。多少粗くてもある程度の自由や余裕があるほうが、それぞれの独創性を発揮でき、思ってもみない発展を遂げます。

第1章でお話ししたことと同じで、チームも完璧よりは80点くらいを目指したほうがうまくいきます。100点を目指すと、それぞれが自分の理想に固執してしまい、うまくバランスがとれなくなります。80点くらいのところで、各自の強みを活かし、弱点を補い合いながら進める意識でいるほうが、チームはうまく回っていきます。

チームの作業で気をつけること

それを象徴するようなエピソードが、エリヤフ・ゴールドラットによる小説『ザ・ゴール』に描かれています。

機械メーカーの工場長であるアレックスが、息子たちのハイキングに付き添ったときのことです。

いちばんスピードの速い子が先頭を歩き、いちばんスピードの遅い子が最後尾を歩いていました。当然のことながら、その差はどんどん広がっていきます。このままでは全員が時間までに目的地にたどり着くことができません。そこで、アレックスは、「チームなんだから、全員が着かないとチームとはいえない」と、順番をそのままに列全体を反対にして、いちばん遅い子を先頭、いちばん速い子を最後尾にして歩かせるようにしました。すると、最終的にはいちばん遅い子の荷物をほかの子どもたちが分担して持ち、スピードを上げさせて全員が時間内に目的地にたどり着くことができた、というのです。

つまり、いちばん遅い子に合わせた結果、チーム全体の歩調が合ってうまく回り始め、かつボトルネックになっている子の弱点（荷物）をみんなで補い合って目的を達成できたということです。この原理は、工場などのボトルネック工程の能力を最大限に発揮させる生産管理手法にも活かされています。

チームで作業を行うときには、**能力の高い人＝上に合わせるのではなく、「下合わせ」にしたほうがうまくいくことが多い**のです。

また、チーム作業では、当然のことながら、誰かのミスがチーム全体のミスになってしまいます。ミスは、未然に防ぐのが大切なので、うまくいかない予感がしたときは、すぐに介入してフォローすべきです。口を出しすぎて相手のプライドを傷つけないように配慮しながらも、積極的に軌道修正を促します。仕上がりを微調整する作業も欠かせません。明らかに間違った意見に固執する相手には、チームで話し合い、「チームの意思」として修正を伝えるようにします。

見解が分かれたときは、誰かの一存に任せるのではなく、1人ひとりに意見を出してもらい、最適なものを探していくようにします。それも、ある程度の自由度があるからこそ、できることといえるでしょう。

一人の場合とチームの場合では、仕上がりは違います。

私は、その違いを楽しむようにしています。

嫌いな相手はグルーピングし「共通点」を把握することで対策できる

凡人 → 嫌いな相手に出会うとあたふたする

天才 → 嫌いな相手はマニュアル化して処理する

メリット → 自分の感情をコントロールできる

人間社会に生きる以上、「苦手なタイプ」というのは常に存在します。

苦手な相手を必要以上に意識してしまうと、会うたびにあたふたしたり嫌な気分になったりします。職場の人間関係の悩みを、プライベートな時間まで持ち越してしまったら、本来は楽しいことに使えるはずの貴重な時間を失うことになります。

そうならないために、私は、自身の感情の乱れを最小限に抑え、冷静に判断するようにしています。

苦手な相手をグルーピングし、「こういうタイプには、こうすればいい」と、対応をパ

ターン化しておくのです。

対人関係療法が専門の水島広子博士によると、相手の嫌な部分を「コントロールできない」と感じることが、苦手意識を生み出すのだそうです。つまり、あらかじめ対応を決めてさえおけば、自分の中で制御「可能」になるので、楽に接することができます。

嫌いな人と仕事するときの対策

自分の嫌いなタイプは、みなさんだいたい把握していると思います。

私が苦手とするのは、「知ったかぶり」「ビッグマウス」「でしゃばり」「嘘つき」の4つのタイプです。

ちなみに、「ビッグマウス」は、言ったことに責任を持つなら別にかまいませんが、大口をたたいて何も実行しない人のことは信用していません。

嫌いな理由が複雑だとそれぞれ個別に対応しなくてはなりませんが、私の例を見てもわかる通り、たいていはとてもシンプルなので、簡単にグルーピングできます。

グルーピングした時点で、「ああ、この人は知ったかぶりなんだからしかたがない」と自分の感情がコントロールできるので、ある程度イライラはおさまります。

すべてに共通する基本対策は、**「好きなようにさせておく」**です。

本書の中でも何回か書いている私流の対策で、言いたい人には言わせておけばいいのです。こちらから反応してしまうと相手が攻撃してくる可能性があるので、できるだけ話を聞き流すのが得策です。

ただ、自分が被害を直接受けそうなときは、別の対策が必要になります。

いちばんいいのは、シャットアウトし、**「距離を置く」**ことです。被害を受けないための「予防」ともいえる手段です。

▼攻撃されたときの対処法

そうはいっても、同じ組織の中にいたらそれもできないかもしれません。そのようなときは、周囲を巻き込む作戦に出ます。自分で言うと攻撃されるので、上司に訴えて修正させるように仕向けます。

苦手なタイプに「嘘つき」を挙げましたが、人をだます意図のある「自覚的な嘘」だけでなく、「無自覚な嘘」もかなりやっかいです。本人は嘘をついたつもりがなくとも、事実と違うことを言われてしまった側は、実害を被る可能性があるからです。

すでにお話ししている通り、私は就業時間内に仕事を終わらせることを基本にしています。残業をしないように工夫して仕事をしているのに、仕事の遅い人から見ると暇に見えるようで、ある人が私のことを「青木くんは暇みたいだから、もっと仕事をさせたらいいんじゃないですか？」と、上司に進言したのです。

私が時間内にその人の仕事までフォローしているにもかかわらず、です。これは、本人にとってはかなりの悪手でした。実は、そういう状況になることを見越して、私のほうが先に上申していたからです。

結局、その人は、仕事をせずにぶらぶらしている時間が多いことで叱責を受け、以降、私は尻拭いをしなくてよくなりました。それぞれの担当業務を明確にし、責任の所在をはっきりさせる仕組みに切り替わったのです。

このように決定権を持っている人を巻き込み、状況を変化させるのも有効な手段です。

ポイントは、**相手に翻弄されず、逆に自分がコントロールすること**です。

前々節の「自分主導」にも共通する意識といえるでしょう。

たとえば、苦手な上司の機嫌をとるのは嫌なものですが、「八つ当たりされるのが面倒だからやっている」と思えば、それほど嫌ではなくなります。
主体的な考え方が、マイナスの感情をプラスに変えてくれます。

グループの「バランサー」になることで、組織のために必要な役割を演じる

凡人→主役か脇役のどちらかになろうとする
天才→足りない役割を見つけて演じる
メリット→組織やチームをコントロールし機能を最大化できる

ミーティングなどで自分の意見を通したいとき、みなさんはどのような方法をとっていますか？

強引に主張すると波風が立ち、印象が悪くなりがちです。かといって黙っているだけでは意見は通りません。主張していないように見えて、気がついたら自分の意見がするっと通っている──そんな魔法のような方法が実はあるのです。

ミーティングでは、自分の意見をどんどん主張する「主役」タイプの人と、意見を言わ

ずに追従・静観する「脇役」タイプの人がいます。たいていはどちらかしかいません。

しかし、主役でも脇役でもない**「バランサー」**という役割も存在します。主役と脇役の間を取り持つ立場の人です。サッカーにおける攻守の要、「司令塔」のような役割と考えるとわかりやすいかもしれません。

私は、この**バランサーになることで、穏便かつ確実に自分の意見を反映させることに成功しています。**

あくまで中立の立場を貫く

少人数のミーティング・打ち合わせの場を想定してください。

バランサーは先に意見を言わず、ほかの人がどんな意見を出してくるのか、最初は黙って静観しています。

意見が1つしか出ず、その内容に賛成できない場合は、さりげなくほかの事例を出します。2つの意見が対立しているときは、どちらがより自分の意見と近いかを見極め、そちらに決まるように軌道修正していきます。断定はせず、「かもしれない」と付け加えつつ、自分の意見を表明します。

ポイントは、自分とは違う意見のほうも「1回は肯定する」ことです。意見を言う人というのは、たいていが同調してもらいたいと思っています。そこで、まずその意見のメリットを認めたうえで、そのデメリットを指摘します。そうすると、歩み寄ってくれることが少なくありません。

「成功哲学の祖」とされるデール・カーネギーは、「友人を得、こちらの考えに同調させる最も確実な方法は、相手の意見を十分に取り上げてやり、相手の自尊心を満足させてやることだ」と説きました。**自分の考えを伝える前に、相手の主張をはっきりと肯定することが大切**なのです。

バランサーになると、いろいろな方向からボール（＝意見）が集まってきます。それをどこに蹴り返すかで、議論をコントロールできます。

極端な意見が出ているときは、真ん中に寄せてバランスのとれた意見にすることも可能ですし、いい意見が出ないときはアイデアを供給してもかまいません。普段自分の意見をゴリ押ししないので、多くの場合、素直に耳を傾けてもらえます。

バランサーは、中立の立場でありながら、全体を俯瞰し軌道修正しているといえるでしょう。

バランサーもそうですが、組織やチームを発展させるためには必要な役割を「演じる」感覚が大切です。世界的なコンサルティング会社MERCERの日本法人で副社長を務めた相原孝夫氏も、組織で求められている役割を演じることは、「極めて重要」で「一生必要となる」スキルだと述べています。

ほかとは異なる成果を出したいときこそ、なにがなんでも「主役」になろうとせず、組織に足りない役割を補うことを考えるべきです。

本来、組織は個人のキャラクターが立ってこそ活性化するものですが、そのキャラが重複していたら、個人の能力が最大限に発揮できないだけでなく、弱点もできてしまいます。サッカーでも、攻撃の選手ばかりでは相手に点を取られてしまい、守備の選手ばかりでは逆に点が取れません。

勝つためにはどのポジションが足りないのか、組織に足りない「欠けたピースを補う」意識を持たなくてはいけません。

視野を広く持ち、チーム全体を見渡す習慣をつけておくと、どのポジションでもこなせるようになります。

やりたい役割をやれないときや、慣れない役割をやらざるを得ないときも、その役割を演じている意識で楽しむようにします。複数の役割を経験すると、そのポジションの人の気持ちがわかるようになり、総合力も強化されます。

必要な役割を演じることは、組織に大きな成果をもたらします。

それは結果的に、自分自身の評価・実績にもつながります。

自分の「希望」や「主張」を忘れさせない方法

凡人→覚えているかどうかは相手次第
天才→いろいろなかたちで何度も情報を伝え忘れさせない
メリット→印象を悪くせず相手の記憶に残すことができる

仕事をしていると、日々さまざまな問題に直面します。

自分のことは自分次第でどうにでもなりますが、他人が関わることは必ずしも思い通りにはできません。

なかでも、言ったことを「忘れられてしまう」のは、やっかいです。

自分にとっては重要なことでも、上司からしたら部下が複数いるので、忘れてしまったり混同してしまったりすることはよくあります。

何とか相手に覚えておいてもらうために、私は、いわゆる「記憶術」の理論を逆利用しています。相手に無理やり記憶させるので、言うなれば**記憶の「刷り込み術」**です。

人の記憶は、脳の中の「海馬」という部分で短期間保存されます。重要でない情報はすぐに忘れていってしまうのですが、何度も繰り返し接する情報は、海馬が「重要なもの」と認識し、長期記憶として残します。また、「エビングハウスの忘却曲線」でも知られているように、時間が経過するほど、覚えていることは少なくなっていきます。記憶にとどめたければ、忘れる前にもう一度、情報を入れる必要があります。

「刷り込み術」では、通常は自分が忘れないために使うこの記憶術を他人に応用します。自分の「希望」や「主張」を、相手が忘れる前に繰り返し伝えることで、記憶として刷り込むのです。

▼3つのステップで記憶を刷り込む

とはいえ、何度も同じことを言うと、印象が悪くなる場合もあります。相手が覚えてくれていたら、失礼な行為にもなりかねません。

そうならないために、以下のステップを踏むことをおすすめします。

①自分で直接言う

まずは、自分で希望や主張をはっきりと伝えます。やりたいことは、きちんと口に出してはじめて相手に伝わるものです。自分自身も、口に出したことでモチベーションが上がります。

②ほかの人に伝えてもらう

オープンにできることであれば、ほかの人にも自分の希望を話し、相手の耳に入れてもらうようにします。違うシチュエーションで起こったことは、忘れにくいといわれています。サポーターなど信頼できる人に「忘れられているかもしれないので不安」という気持ちを伝えると、助けてくれることが多いでしょう。

③指示語で確認する

具体的なことは話さず、「この間の件なのですが」「あの件どうなりました？」などと、指示語で聞くようにします。そうすると、相手は「あの件？」と、自分から思い出そうとします。具体的に言うより角も立ちません。頭を使ったことは記憶に残りやすいので、小さなことでも相談してアドバイスをもらうようにすると、より覚えてくれるはずです。

この3ステップで、だいたいのことは相手の記憶にとどめることができます。

また、感情の変化が起きると記憶に残りやすいといわれています。面倒に思われない範囲で、自分の悲しいエピソードを内容に盛り込むのも効果的です。私は小児喘息だったので、そのときのエピソードを話すことにしています。病気の話がしにくければ、自分の失敗談についてでもかまいません。相手に記憶させたい主題を食ってしまわない程度に、さらっと混ぜ込むのがポイントです。

「ずる賢い」と思われるかもしれませんが、仕事はお金をもらってやるものなので、それに見合う成果を出すための工夫は、基本的に正当化されて然るべきです。

自分のやりたいことを、忘れっぽい相手に確実に覚えてもらうためには、このような手段も必要なのです。

第5章

【思考の基本】——やりたいことを実現するのに迷わない

普通の人は無自覚にブレーキを踏み、頭のいい人は貪欲な探究心で満たされている

思考とは、「知性を使って考えること」です。人を人たらしめるもの、ともいえます。我々の外見は、年をとるにつれ変わっていきますが、考え方は必ずしもそうではありません。学習や経験によって部分的には変化しても、多くの場合、基本的なところはそのままです。つまり、考え方を知れば、その人がわかるのです。

「欲求」に素直に従える

凡人 → 何かと理由をつけて欲求を抑えつける
天才 → やりたいことは我慢せずにやる
メリット → 欲求をため込まないことで生活の質が上がる

何かを決断するとき、行動を起こすとき、私は、**「自分の欲求に素直に従う」**ようにしています。

私たちは、成長する過程で欲求を抑えつけることばかりを学ばされてきました。もちろん、「人のものを盗らない」など、社会生活を営むうえでのルールやしつけは必要ですが、「○○してはいけない」と言われ続けてきたせいで、解放してもかまわない欲求まで抑えつける癖がついているのではないでしょうか。

やりたいことがあったとき、多くの人は行動に移す前に躊躇してしまいます。私からすると、やれない理由を勝手に作り、本当は理由などないのに我慢しているようにも見えます。

もし、そこでやらなかったら、どうなるでしょうか。

たとえば、10年前に取ろうと思っていた資格や、始めようと思っていた趣味の習いごとがあったら、と想像してみてください。それはいつまでも「できなかったこと」として頭の片隅に残ってしまいます。そして10年後、「やっぱりやっておけばよかった」と後悔することになるのです。そのタイミングで、また何か理由をつけてやらなかったとしたら、その連鎖はずっと続いてしまいます。それは、大きなストレスといえるのではないでしょうか。

やりたいことがあるのなら、それをやらないのは、あまりにももったいないことです。

やってできないことはない

二の足を踏み続けていたら、いざというときに行動は起こせません。やる前は悩んだり迷ったりしていても、やってみたら意外にスムーズにできた、というケースもあります。

やってできないことなど、実はほとんどないのです。

もちろん、失敗する可能性も否定できませんが、失敗から学ぶことも多くあります。私の場合は、第3章でお話しした通り、むやみに失敗しないよう、リサーチに時間をかけてから行動に移すようにしています。

そして、やりたいことが複数重なったときも、どれかを諦めるのではなく、すべての欲求を満たすための手段を考えます。

たとえば、私ごとですが、友だちと会う約束をしていて、家を出る直前にギターが弾きたくなるときがあります。普通なら、ギターを弾くのは諦めて、約束を守るために家を出るでしょう。でも私はどちらの欲求も満たしたいので、とりあえず軽くギターを弾いてから家を出ます。待ち合わせ場所までは走っていく、あるいはタクシーに乗るなどして、時間内に到着するように工夫します。手段や過程はともかく、間に合えばいいわけですから、このようにすればどちらの欲求も満たせるのです。

「とりあえず10分前に着く」というような予定調和的な行動よりも、はるかに刺激があり、達成感があります。

過度なリスクを伴わない、人に迷惑をかけない内容なら、やりたいと思った時点でとりあえず行動に移してみましょう。

新たに語学を習得したければ、まず教材を買ってしまう。ストレスがたまっていて飲みに行きたい気分だったら、その日のうちに誰かに声をかける、というように。

「やりたいことは我慢しない」を基本スタンスにすると、人生はどんどん楽しくなっていくはずです。

お金より「時間」、時間より「機会」を選ぶ

凡人→お金は貯めるもの、時間は過ぎるもの、機会は「またの機会に」
天才→お金は時間を買うもの、時間は機会を活かすもの
メリット→機会を探し、活かすことで、進むべき未来へ向かっていける

「人生において大切なものは？」という質問をされたら、みなさんは何と答えるでしょうか。

多くの人は「お金」と答えるかもしれません。「時間」と答える人もいるでしょう。でも私には、「お金」や「時間」よりも大切なものがあります。

私は大学生の頃、アルバイトと奨学金だけで生活していました。こう話すと、驚かれたり、「嘘でしょう？」と言われることもあったりするのですが、親からの援助は一切受け

ていませんでした。というのも、家計からしてとても援助してくれるような状況ではなかったからです。そんな環境に育っているので、お金の大切さは十分理解しています。

それでもお金より大切なものがある、と言い切るのにはそれなりの理由があります。

お金にはいろいろな側面がありますが、一言で言うなら、「誰かに何かをしてもらうために支払う対価」です。

自分ができないことを、お金を払って誰かにやってもらうわけです。自分ができることであれば、自分でやったほうがお金はかかりませんが、時間はかかります。わずかなお金を節約するためにむやみに時間をかけるくらいなら、お金を払って時間を節約し、その時間でやりたいことをやるほうを選ぶでしょう。

私はお金よりも時間のほうが大切だと考えます。お金は増やせますが、時間は有限だからです。

そして、その**時間よりも私にとってもっと大切なもの。それは「機会」**です。

ここで私がいう「機会」とは、人と会うことや、イベントに参加することなど、自分一人で好きなときにできないことを指します。「人と出会うチャンス」といってもいいかもしれません。それはお金や時間以上に大切なものだと私は確信しています。

「知る」から「行動する」へ

かつて私は、自分が何者なのかがわからなくて、ずっと悩んでいました。20代のときにJAPAN MENSA の試験を受けたのも、その答えを知りたかったからなのですが、入会後、ほかの会員と交流してみて、単にＩＱだけでは自分の特殊性を説明できないことに気づきました。そんなときに知ったのが、第1章でもお話しした「ギフティッド」という概念です。

米国ではＩＱが高い子どもたちや、ある特定の学術分野で高いレベルの潜在能力を持った子どもたちをギフティッド・チルドレンと呼んでいます。この概念がかつての自分に当てはまるのではないかと思い、日本ギフティッド協会に連絡を取ったところ、ミーティングに参加させていただける機会に恵まれました。

そこで自分が持っていた疑問を一つひとつ尋ねることで、「自分はいったい何者なのか」という「内なる問いかけ」に対する答えにだいぶ近づくことができました。

この一期一会の出会いがなければ、今の自分はおそらくいないでしょう。自分の持っている能力を最大限に発揮するには、まず自分自身について知らなくてはいけません。

今の時代、インターネットで興味のあるワードを検索しさえすれば、あらゆる情報が出てきます。そういう意味では、「知っている」こと自体の価値は薄れ、次のステップである「行動すること」、すなわち**機会を活かすことの重要性が相対的に高まっている**といえるでしょう。

興味があることについて知識を得たら、次は機会を探し、活かすことです。

興味があるということは、何かしら自分と関係があるはずです。その部分を深く知ることとは自分を知ることにほかならず、ひいては自分の未来につながります。

「機会」は、未来への招待状なのです。

質問されたら答えるだけでなく「質問」する

凡人 → 質問に答えるだけで終わる

天才 → 質問されると次々と質問が思い浮かんでしまう

メリット → 自分の役に立つ知識を効率よく入手できる

「質問に質問で返す」ことは、本来、マナー違反といわれています。

以前、私は、あまり話したことのない上司から「どうしてその方法を選んだの?」と聞かれ、「もっといい方法があるんですか?」と逆に質問してしまったことがあります。自分の知らない方法があるなら知りたいという期待から、口をついて出てしまったのですが、上司はかなり機嫌を悪くしていました。

さすがに今では、すぐに質問で返すことはせず、まずはきちんと答えるようにしています。でも本当は、答えているそばから質問したくてたまりません。

「この人はどういう前提で聞いているんだろう?」「自分が想像できないような深い考えを持っているんだろうか?」など、相手に聞きたいことが頭の中に次々と浮かんできてしまうからです。

このような場合、私はその場で疑問を解消します。自分が一通り答えてから相手に質問するか、もしくはすぐあとで個人的に聞きに行くようにしています。

質問の本当の意義とは

多くの人にとって、「質問される」ことは、少々やっかいなのかもしれません。どんな質問が飛んでくるのかと萎縮してしまい、答えるだけで精一杯という人もいるでしょう。けれども、その先にこそ絶好の「チャンス」があります。

質問をされるということは、そもそも相手が自分に興味を持ってくれているということです。そのような相手にはこちらからも質問すると、そこから話題がどんどん広がっていきます。とくに相手が経験豊富なベテランなら、自分の知らないことを知っているかもしれません。**質問することによって、新たな知識を得られる可能性が高まる**のです。

質問の内容は、本題と直接関係ないことでもかまいません。何か一つでもいいので、自分の役に立つ情報を持ち帰ることが大切です。

また、相手が自分の周りにあまりいないようなタイプの人だと、「接点なさそう」と敬遠してしまいがちですが、私はそのような人にも積極的に質問します。好き嫌いなど一般的なことを聞くだけでも、自分とは違うものの考え方や見方を知ることができるからです。

私は初対面の相手も、よく質問攻めにしてしまいます。煙たがられることもありますが、これも「未知のことを知りたい！」という欲求からにほかなりません。

このような視点で考えると、「質問されたら質問をする」ことは、決して悪いことではありません。

質問をすればするほど、自分の知識のストックは増えていきます。

どんなことでも、聞いて損はないのです。

常に、体の動きをイメージしているから「器用」になれる

凡人 → 脳が体を動かしている実感がない

天才 → 脳が体を動かしていることを理解している

メリット → 動作を意識下に置くことで思い通りに動ける

子どもの頃、私は小児喘息のためにあまり運動ができませんでした。とくにマラソンのような激しい運動は困難で、しょっちゅう体育の授業を休んでいました。そういう意味では、運動神経は決していいとはいえません。

運動神経が悪いと、「とろい」などのイメージがあり、不器用な人と思われがちなのですが、不思議と人から不器用といわれたことはありません。むしろ手先は器用で、たいていのことは初回か、多くても3回試せばできてしまいます。

器用かどうかは、本来運動神経とは無関係で、上肢（肩関節から手先まで）、とくに指

の扱い方で決まります。下肢（股関節から足先まで）を速く動かす能力は必要なく、筋力や体力も関係ないのです。

自分の行動を意識下に置く

では、なぜ私が器用に手を動かせるのでしょうか。

それは、**「脳の命令で手が動いている」ということを、しっかり認識しているから**です。考えて、考えること、意識下に置くことを放棄してしまうと、体は思い通りに動きません。考えて、体を動かすことで、動作がコントロールできるようになるのです。

本来、体は動かせる範囲が決まっています。当たり前ですが、その範囲でしか動くことはできません。その前提で動くとしたら関節や筋肉がどうなるか、それをイメージするだけです。

無意識にやっていることも、そうやって脳を通過させれば、おのずと必要な動作ができるようになります。すべての動作は、合目的的。つまり、目的にかなっているのです。

不器用な人はこのような脳内のシミュレーションができていないため、無理な動き、ムダな動作が多くなってしまうのです。

このように脳内で動きをイメージする作業は、体の動作だけでなく、行動にも応用できます。

たとえば、1日の始まりにその日やることをシミュレーションするのも、動きをイメージすることと同じです。**自分の行動を意識下に置くだけで、ムダな時間が減り、効率よく目的にかなった行動ができる**ようになります。これも、ある意味「器用」といえるでしょう。

私は、朝起きたときに夜までのプランを、仕事以外のことも含めてパッと頭で考えるようにしています。旅行などでも、プランを全部シミュレーションしておいて、「余った時間があったらこれを入れる」と決めておくと、ムダな行動が省けます。

考えること。意識下に置くこと。

それをするだけで、すべての動作・行動は、目的にかなったスムーズなものになります。

基本的に「相対評価」で考える

凡人 → ほかと比較せずに判断してしまう
天才 → 比較対象を必ず用意する
メリット → 根拠のない情報に流されず「本質」を把握できる

物事を評価する基準には、**「相対評価」**と**「絶対評価」**の2種類があります。

何かと比較したときにそのもの自体がどの位置にあるのかを評価するのが相対評価、ある特定の基準に達しているかどうかを評価するのが絶対評価です。

例を挙げると、大学受験など定員が決まっていて、「試験の成績がいい人から順に100人合格」ならば相対評価、資格試験などで「得点率70％以上で合格」ならば絶対評価です。

私は、基本的にすべての物事を相対評価で考えるようにしています。

たとえば、おいしいと評判の店に行ったけれど、行ってみたらたいしておいしくなかったという経験はみなさんにもあるのではないでしょうか。

「おいしい」の基準は人それぞれです。そこで「おいしい」「おいしくない」という2択で論議してもあまり意味はありません。ほかのどういう店と比べておいしくないのか、値段の割にどうか、などについて考えないと評価できないのです。そういう意味で、「味覚」は相対評価です。

「人」に対しても、同じことがいえます。

私は、これまでに何度か、知人から「すごい人がいるからぜひ会ってみてほしい」と、人を紹介されたことがあります。自分に刺激を与えてくれるようなすごい人なのかと思い期待して会ってみると、実は単にお金を持っている人だったということがわかり、がっかりしたものです。

このように「すごい」という価値観も、人によってまったく違います。惑わされないためには、「誰と比べてどこがどうすごいのか」を評価することが必要です。

しかしながら世間では、根拠のあまりはっきりしない通説や、いわゆる一般常識をもとに、何も考えずに評価してしまう場面がよく見られます。

たとえば、若者と老人では、世間的には「年をとっているほうが正しい、物事を知っている」と思われがちですが、実際にはそうとは限りません。

若者でも知識が豊富な人はいますし、老人でも間違った行動をしてしまうことはあります。よく「若者はマナーが悪い」という言葉を聞きますが、注意して見ていると、老人でもマナーの悪い人はいます。これは、何も考えずに「年が上の人のほうが正しい」というような通説を鵜呑みにして、年齢という「数」にミスリードされてしまっている例といえるのではないでしょうか。

本来、数は物事の「本質」ではありません。陸上競技のタイムや記録のように、数自体が意味を持つ場合を除いて、数の大小では何も決まらないのです。年齢ではなく、「どんな人なのか」を考えることが重要です。

相対評価で本質を探る

相対評価で考えることは、ビジネスの現場でも大いに役立ちます。

社内で「優秀」といわれている人と仕事をするときは、自分の知っている人の誰より優秀なのか、誰と比べて優秀ではないのか、考えてみるようにします。そうすると、必要以上に萎縮することがなくなり、相手主導になるのを避けることができます。

「実績がある」という人に対しても、その実績がかけた年数にふさわしいのか、同年代のほかの人に比べてどうなのか、自分ならその人よりも上に行けるのか、などを考えて判断すると、その人の「本質」が見えてきます。

また、相対評価を逆に利用することもできます。社内や集団の中で認められたいと思ったら、ほかの人よりほんのわずかでもいい結果を出せばいいのです。そうすれば、周囲の人は、あなたのことを「その集団の中でいちばんできる人」と認識してくれるからです。

このように**相対評価で考える姿勢でいると、周囲に惑わされることがなくなり、間違った選択をすることも減っていきます**。それは、ひいては成果に結びつきます。

「本質」「真実」に近づくためには、物事を相対評価で判断する癖をつけるべきです。

量や回数ではなく「質」にこだわる

凡人→量をこなすことが何より重要だと思っている
天才→質にこだわらないと量が活きないことを知っている
メリット→最短ルートで高みを目指せる

「質より量」という言葉がありますが、私は**「量より質」**をとります。

たしかに、量や回数などの「数字」は客観的な判断材料にはなり得ますが、そこに中身がなかったら、価値があるとはいえないのではないでしょうか。

たとえば、専門医の資格をたくさん持っている医師がいたとしても、日頃の診察にその資格がまったく活かされていなければ、真に能力が高いとはいえません。

運動などのトレーニングでも同じです。どんなに数をこなしても、ただやみくもにやるだけで中身が伴わなければ、得られる経験も少なくなってしまいます。

回数を重ねて順調にうまくなるためには、質にもこだわるべきです。

▼「時間」と「効率」を重視する

いい結果・成果を得るためには、「時間」と「効率」がカギになると私は考えます。

超難関の国家試験に「10年かけてやっと合格した人」と「1年で合格した人」がいたとします。一見、結果は同じですが、10年かけて合格した人は、1年で合格した人より9年分スタートが遅れています。逆に、1年で合格した人は早くスタート地点に立つことができ、その先のキャリアをもっと有効なものにできます。

つまり、**結果は同じでも中身＝質が違う**のです。

第2章の「『やらされている感覚のない』人は成果が出やすい」でもお伝えした、「成果＝効率×時間」という式をここでもう一度思い出してみましょう。

第2章では、成果は一定ではなく、効率を高めて時間をかけるほど成果が上がるとお話ししました。それに対して、この国家試験のケースでは、「合格」という成果は一定です。成果が同じなら、時間をかけずに早く目標に到達すべきなのです。

この式における「効率」は、「質」に置き換えられます。時間は有限ですから、効率を考えないと、何も得られずに人生が終わってしまいます。質にこだわって、時間のかからない効率のいい勉強をすれば、目的を早く達成することができるのです。

この、**質を高めるために必要なのが、「自分の理想像を持つ」こと**です。「お手本」と言い換えてもいいでしょう。

上司や先輩、先生やお手本となる映像など、「こうなりたい」という理想の姿をイメージしながら物事を行うことで、質は一気に高まります。

最短ルートでさらなる高みを目指すためには、「質」が必要不可欠なのです。

自分を取り巻く大きな「流れ」を把握し利用する

凡人 → 流れを意識しない
天才 → 流れを引き受けて利用する
メリット → 必要な機会や出会いに恵まれるようになる

誰もが一度は「将来は○○になりたい」という夢や理想を抱いたことがあるはずです。では、みなさんは、その夢や理想を実現できたでしょうか。今、やりたかったことをやれているでしょうか。実際は、ほとんどの人はやれていないのかもしれません。けれども、今自分の生活の中心になっている仕事や趣味などは、たとえ最初に抱いた夢や理想とは違っていても、大きな「流れ」に身を置いてきた結果、必然性があってそこにたどり着いたものなのです。

当たり前のことですが、私たちは一人きりで存在しているわけではありません。社会の中で、他人とともに生きています。自分の周囲の環境や条件によって形成されるのが「流れ」です。そこには、大きな流れも小さな流れもあり、自分の周りを取り巻いています。

流れを読む

私の場合を振り返ってみましょう。

医師になろうと思ったきっかけは、自分が小児喘息だったことでした。これは自分で決めることのできない要因でしたが、考えてみると、喘息の発作で苦しんでいたときから、実は流れができ始めていたのだと思います。

親族に医師がいるわけでも、有名進学校に在籍しているわけでもなかったので、当初は自分の心の中だけの小さな流れでした。しかし、大学に合格し田舎を離れたあたりから、その流れは大きなものに変わり、まるで流れの中に自分が存在するかのような感覚になったのです。

その後は、これを利用しない手はないと思い、流れを把握しながら進んできました。その結果、高校生の頃には想像できなかった素晴らしい機会の数々に恵まれ、夢だった海外留学を実現させるところまでたどり着きました。

自分を取り巻く流れを無視して、最初に抱いた理想やイメージにいつまでも固執してしまうと、うまくいかない場合があります。本来やりたかったこととは一見違っていても、流れを利用して進んでいくうちに、意外と楽しくなってきます。最終的には、自分がもともとはどうしたかったかが関係なくなることすらあります。

川下りをイメージしてください。川下りでは、上流から下流へと、川の流れに任せて移動します。特別なことをしなくても、進んでいけるのです。しかし、もしこれが、川上りだったらどうでしょうか。流れに逆らうことになるので、余計なエネルギーが必要ですし、移動に時間がかかってしまいます。

米国のシューベルトと言われた作曲家アーヴィング・バーリンは、「人生とは、10パーセントは自分で作るもので、90パーセントはそれをどう引き受けるかだ」と述べました。私は、偶然のように思える出会いや出来事でも、自分が引き受けさえすれば必然的なものになると考えています。流れを利用するには、まずは今ある流れを引き受けることです。

環境を思い通りに変えることはできませんが、流れを生み出すことはできます。「こうなりたい」「こうしたい」と、**自分が本気で望み、行動しさえすれば、何もなかったとこ**

ろに小さな流れができるのです。

もしかしたら、進んだ先で川が2つに分かれているかもしれません。そんなときは、自分自身がどんな人間か、どうするのが幸せかを考えて、どちらに行くかを決めてください。自分の本質に立ち返れば、正解を選択できるはずです。

挑戦することを諦めず目標に向かっていくうちに、やがて流れは強大になり、自分に必要な機会や出会いを引き寄せながら、自分を遠くまで運んでくれるようになります。

まだ見ぬ明日への推進力となるのです。

むやみに悩まない

凡人→小さなことで悩んでしまい時間をムダにする
天才→悩む時間があったら行動する
メリット→目的を達成することだけに集中できる

何か行動を起こすとき、悩んでしまって前に進めないという人は多いのではないでしょうか。かつては私もそうでしたが、**むやみに悩むことは避けるべき**です。

そもそも人はなぜ悩んでしまうのでしょうか。

それはおそらく、未知のものに対する不安感があるからです。

行動する前は何か大変なことをやらなければいけないかのように感じてしまいがちですが、やってみるとたいしたことはなく、行動すること自体が解決策だった、ということもあります。また、行動を起こした後に悩んでも間に合うというケースも少なくありません。

物事がまだ何も進んでいないのに、マイナスの感情を抱いたまま時間だけが経過していくのは、とてももったいないことです。**悩む前に、まず行動してしまいましょう。**

初めてのことに着手する場合は、行動する前にある程度準備が必要なこともありますが、そこでも悩みすぎないことです。初めてやることは、完璧にできないのが当たり前です。ネガティブになって失敗したケースを脳内で再生し続けてしまうと、「失敗のイメージトレーニング」になってしまいます。私は、そうならないようにひたすら成功イメージを再生します。

また、自分の力では解決できないような悩みもありますが、自分ではどうしようもないことであれば、むやみに悩んでもしかたがありません。そのようなときは、状況を脱するためのアイデアを考えます。アイデアを模索して悩むのはポジティブな行動なので、むしろ「いい悩み方」といえるでしょう。

▼スケールを大きくする

どうしても悩みが頭の中から離れないとき、私はこのように考えます。

「自分は、広大な宇宙の中にある、地球という一つの星の中の日本という国のあるところに住んでいる人間。今悩んでいることなんて、そのちっぽけな人間の頭の中だけにある電気信号にすぎないんだ」と。

こんなふうに考えれば、たいていの悩みはどうでもよくなります。

たとえば相性の悪い上司がいて悩んでいたとしても、負の感情は結局頭の中だけで起きていることにすぎません。

悩みに気持ちが集中してしまうと永遠に続くことのように感じてしまいますが、宇宙の長い時間軸の中で考えれば、一瞬のことです。上司にイライラしても、それは今だけのこと。10年後もずっと一緒に仕事をしているかといえば、その可能性は低いでしょう。

こうやって空間や時間のスケールを大きくして、悩みを相対的に小さく見せてしまえばいいのです。

みうらじゅん原作の映画「アイデン&ティティ」の中に、このようなセリフがあります。

「やらなきゃいけないことをやるだけさ。だからうまくいくんだよ」

私はこの言葉をモットーに生きています。

やらなきゃいけないことをやれば、自然と結果がついてきます。

人生は、悩んでいないで行動を起こした人の勝ちです。

細かいニュアンスを大事にする

凡人 → 自分のこだわるところを除いて大ざっぱである
天才 → 全体から細部まであらゆるところが気になる
メリット → 専門分野で評価されやすくなる

物事には、やり直しが「利くもの」と「利かないもの」があります。やり直しが利かないものについては細心の注意を払うのはもちろんですが、やり直しが利くものでは、手を抜くケースが結構あるように見受けられます。適当に終わらせると、あとで修正しなくてはならず、効率が悪くなります。複数の人が関わっている場合、誰かほかの人が尻拭いをすることになるかもしれません。

私は、自分が何かをやるときは、1回の行動で細かいところまでカバーするようにしています。たとえば、カルテを作成するときは、あとでほかの人が見てもいいように論点を絞ってわかりやすく書き、誤字脱字もないようにチェックして仕上げます。このようにしておくと、自分のバックアップに入る人たちから信頼されるようになります。
「細かい人」と言われて敬遠される可能性もゼロではありませんが、1回の作業で成果を見せてしまえば、結局は信頼されます。

▼細部へのこだわりが大きな違いを生む

かつてのボスであるスティーブ・ジョブズ氏について、元Appleのマーケティング担当副社長・前刀禎明氏は、著書『アップルは終わったのか?』(ゴマブックス)の中でこんなエピソードを紹介しています。

「初代iPodを開発している際に『これ以上サイズを小さくするのは無理だ』という人間の前で、水槽にiPodを放り込んで、空気の泡が出たのを見て『この空気の分だけ小さくしろ』と指示した」

結局、iPodシリーズの販売台数は、5年半で1億台を突破し、ミュージックプレーヤとして最速のペースで販売実績をあげる大ヒットとなりました。

これも、細部にまでこだわった成果の一つといえるのかもしれません。

所詮は同じ人間がやることだと考えると、できる範囲はだいたい決まっています。だからこそ、微妙な差が大きな違いを生みます。

ましてや、同じ分野・領域で競うとしたら、なおさら細かい部分がものを言います。細かいニュアンスにこだわればこだわるほど、周囲と差をつけることができます。

未来予測を常にする

凡人 → とにかく今を生きる
天才 → いつも先を見据えている
メリット → 未来の可能性が広がる

未来に何が起こるのかは、誰にもわかりません。

けれども、ある程度の予測を立てておくことはできます。予想される未来を何パターンか想定しておくと、どのパターンがきても慌てることがなく、**「こんなはずではなかった」と落ち込むことも少なくなります。**

ここで私のいう未来とは、だいたい10年後くらいを指します。

長期プランが立てられない状況なら、短期プランでもかまいません。

考えるタイミングは、何か方向性が決まったとき、いわゆる「分岐点」です。「この道を選んだらこうなる」と予測を立て、さらにその先も「こっちを選んだらこう」と細分化して想像していきます。考えるときには、これまでの経験や見てきたことが役に立ちます。ほかの人の経験でもかまいません。「こういう展開のときはこうなる確率が高そう」と、ある程度パターン化しておくようにします。

予測パターンを複数考える

たとえば私の場合は、医学部を卒業する時点で、研究留学できそうな場合とできなそうな場合の未来を、何パターンか考えました。

一度は海外で生活してみたいと思っていたので、研究留学が難しそうであれば、海外の医師免許を取得するか、ほかの手段で行こうと決めていました。留学が決まった今は、現地での研究生活についてだけでなく、留学から帰ってきたら何をするか、どの場所でキャリアを終えるか、まで考えています。こうしておくと、ある程度の見通しが立ち、トラブルが起きても対処できます。

また、予測パターンが複数あることで、未来の可能性はより広がります。選択肢が一つではなく複数だと思えば、前向きに取り組むことができ、モチベーションも上がっていくでしょう。

では、もし予測パターンがすべて外れたときはどうすればいいと思いますか？

そのときは、**「その状況を楽しむ」**のです。

私だったら、自分が予測しきれなかったことを新鮮な展開として受け止め、感動すらしてしまいます。長く生きていると、日常で起こる出来事のほとんどが予定調和になりがちなので、予想もできない状況が訪れるのは、むしろ楽しいアクシデントです。

英語のスラングに「YOLO」というものがあります。

これは、「You Only Live Once.（人生は一度きり）」の頭文字をとったものです。

人生は一方通行なので、嬉しいことも、悲しいことも、「今」起きるのは一度きりです。

臆せず、アクシデントを楽しむ気持ちで、未来へと進んでいけばいいのです。

誰がやっても結果が同じことをあえて自分がやる必要はない

凡人→自分にできることがあると喜ぶ
天才→常にできないことを探している
メリット→潜在能力を最大限発揮できる

「できること」にやりがいや喜びを見出す人は多いと思いますが、私は、すでにできること、誰がやっても同じ結果になるようなことには興味が持てません。

むしろ、できることを繰り返すのは苦痛ですらあります。**「どうせやるなら、自分にしかできないことをやりたい」という欲求を持って生きています。**

しかし、そうはいっても、仕事など多くのことは誰でもできるものです。自分がいなくなったとしても、ほかの誰かが代わりにやれば、仕事は回っていきます。そもそも、組織というものは誰がやっても一定の水準が保てるようになっているからです。

とはいえ、そこに甘んじていると、人も組織も成長できません。AIの登場により、多くの人の職が奪われるとささやかれている昨今、できることだけをやっていたら本当にAIに取って代わられてしまうかもしれません。

そう考えると、**人がやっていないこと、自分にしかできないことをやることには大きな意義がある**と私は思います。

日常業務でも、新しいやり方を取り入れたり、時間短縮を考えたりするなど、オリジナリティを出す方法は意外とあるものです。

挑戦が道をひらく

もちろん、人がやっていないことに挑戦するのは楽なことではありません。

しかし、私はその「挑戦」こそが勝負だと捉えています。挑戦する過程で、自分の能力に限界を感じることがあったとしたら、それを突破して、誰もやっていないことをやりたいと思っています。

私がこのように思うようになったのは、これまで何度かお話ししてきた「ギフティッド」の概念と関係があります。

ギフティッド・チルドレンと呼ばれる高い能力を持つ子どもたちの中には、その能力の活かし方がわからず、人から認めてもらえないことを悲観し道を誤るケースもあるそうです。

私自身、自分がほかの人にはない能力を持っていると感じながらも、自分の存在意義がわからず苦しんだ経験がありました。それを乗り越えてから、かつての自分のような子どもたちの「道しるべ」になりたいと思うようになりました。それは、おそらく自分にしかできないことだからです。天才といわれるような人間の、一つの承認欲求なのかもしれません。

誰もやっていないことをやることで、歴史に名を残したいという気持ちもありますが、それが第一の目的ではないのです。

ただ名を残すだけでなく、後世につながるものを伝えたい。

天才ソングライターである The Beatles のポール・マッカートニーのように、国境や時代を超えた普遍的な存在になりたいけれど、そうはなれそうにない。しかし、自分がこの自分として存在していることは、単なる偶然にしてはできすぎている――そう思いながら、自分にしかできない役割を模索しています。

暇が続くと自分を無価値に感じる

凡人→暇な時間があるとうれしい
天才→暇な時間は空虚でしかない
メリット→常に挑戦し続けることができる

「暇が続くと自分を無価値に感じる」

みなさんは、このタイトルを聞いて、どういう意味だと思いましたか？

「暇な時間、空いた時間があると、自分が世の中の役に立っていないと感じる」

「暇な時間がもったいないと感じ、価値を見つけるために何か行動をする」

そんな意味だと思った人もいるかもしれませんが、私がここでいう「暇」とは、そういった時間のことではないのです。

私には、2歳くらいからの記憶があります。

絵本を読み聞かせてもらっているうちに暗唱し、幼稚園に入った直後には読み書きができて周囲から驚かれました。卒園するくらいになると、誰に教わったわけでもないのに、簡単な計算や掛け算もできました。その頃はまだ周囲からほめられていたのでよかったのですが、小学校に入ってからは苦痛の連続でした。

学校の授業で習うことはすべてもう知っていることだったので、あえて学ぶ気も起きず、ずっと窓の外を見ているか、絵を描いていました。勉強しなくてもテストは100点でしたが、わかっている答えを書くのが苦痛で、答案用紙の裏に絵を描くと居残りさせられ、すでに書ける漢字の書き取りをやらされるのはさらに苦しいことでした。テレビや漫画で学んだ言葉を使うと友だちから「難しい」と言われ、教師や保護者からも当然のように好かれませんでした。

中学に入っても同じような状況が続き、相変わらず授業中は空をながめていました。打ち込めるものもなく、自分がまったく価値のない人間のように思えました。何もやることのない暇な時間だけが永遠のように続いていて、でもここから抜け出す手段もない。まるで、透明な檻の中に閉じ込められているかのような気分でした。

前節でお話しした、「自分がほかの人にはない能力を持っていると感じながらも、自分の存在意義がわからず苦しんだ経験」とは、まさにこのような「暇」な時間のことでした。

高校生になって、そのような状況から変わるきっかけがありました。進路を決める際、「なりたいものが見つからない」と先生に言ったところ、「何でもいいから希望を出しなさい」と言われました。

考えた末に、自分自身が小児喘息で何度も入院して苦しんだので、「医者になるイメージだったら湧く」と答えたのですが、「優秀な○○くんでも無理なのに、きみには絶対無理だ」と言われてしまいました。

「ならばやってみよう」と、逆に気持ちが奮い立ち、そこで初めて挑戦する目標ができたのです。お金がなく、周りに相談に乗ってくれる人もいなかったので不安はありましたが、その頃に出合ったロックが、「自分らしくいてもかまわない」という気持ちの後押しをしてくれました。

そこから人生が変わり、自分を肯定できるようになったのです。虚無感に襲われないためには、自分自身でありながら、挑戦し続ければいいのだ、と。「医者になる」という目標を、ちゃんと達成できたことも大きいと思っています。

暇とは空虚なもの

新しいこと、できないことに挑戦し、知らないことを知っていくことは、自分の存在価値を見出すことにつながります。

たとえば、世の中に医師は数多くいますが、TOEICが満点で、ロックが好きで……と絞っていくと、どんどんその数は減っていくでしょう。

挑戦し続けて得たものを掛け合わせると、ほかの誰とも違う、オンリーワンの「自分」にたどり着きます。

それを自覚することは、生きるうえでの大きな原動力にもなっていると感じています。

今振り返ってみても、小学校・中学校時代のような暇な状態には、もう二度と戻りたくありません。

暇な時間とは、本当に空虚なものです。

空虚さを抱かないために、私は挑戦し続けているのです。

おわりに

私は、一年の中で春がいちばん好きです。

別れが多い分、たくさんの出会いがあるからです。

本書の編集者である武井さんにはじめて会ったのも、ある春の日のことでした。田舎者からすると、東京・渋谷にある出版社へ自分を売り込みに行くのは一大イベントです。約束まで時間があったので、神宮前をぶらぶらしました。路上で演奏するバンドを眺めながら、自分もおじさんになったのだな、と思いました。

その時点では、英語の勉強法についての本を出すつもりでした。

初夏になって、私のいちばんの特徴、つまりＩＱの高さを活かした内容にするほうが面白いのではないか、という話になり、少し考えた末、本書の執筆にとりかかりました。

言語化してこなかった自分の「ものの考え方」を、ほかの人が理解できるかたちに落とし込む作業は、呼吸のしかたを説明するのと同じで難しく、頭を抱えました。ここ数年でいちばんの挑戦でした。

こうして完成させることができたのは、「朝から晩まで」とことん議論を交わしてくださった、武井さん、狩野さんをはじめとする制作チームのおかげです。大変な半年間でしたが、終わってしまうのは寂しい気がします。

IQは、知能を比べるためのものさしです。したがって、高いIQを持つ人が「天才」と呼ばれるのは、ある意味、自然なことです。

しかし、すでに述べたように、私は、自分自身を「天才」だとは思っていません。むしろ、自分という、ユニークな「存在」だと思っています。

これは、私が、世界を変えるような成果を出していないからだけでなく、そもそも「知能」を、自身を構成する要素の1つにすぎないと考えているからです。

本書では、対比によってわかりやすくするために、あえて「凡人」「天才」という表現を使い、私という人間の思考法や方法を解説してきました。おそらく、共感していただける部分がいくつかあったのではないかと思います。もしかしたら、「凡人」「天才」のどちらでもない、と思った箇所もあったかもしれません。

多くの人のためになるように、適用範囲の広いノウハウを厳選したつもりですが、細かいところについては、各自の状況に応じて、適宜カスタマイズしていただければと思います。まずは、無理なく使えそうなところだけでも、試してみてください。

本書の執筆中には、友人たちからたくさんのサポートをいただきました。一人ひとりに心から感謝しています。どうか、本書を読んだ後で私のことを、「腹黒いやつだ」と、嫌いにならないでくださいね。

すべては、自分らしくありながらも、社会でうまく生きようとした末にたどり着いた、「知恵」です。

2018年12月吉日

青木　聡

- 『ホウレンソウ禁止で1日7時間15分しか働かないから仕事が面白くなる』山田昭男著、東洋経済新報社
- 「新しい社会のインフラを創造する～起業から現在までの軌跡～」logme、https://logmi.jp/business/articles/162315
- 「世界選手権で金を獲れないようじゃ、まだまだまた新しい扉を開ける存在になりたい」キャノン・ワールドフィギュアスケートウェブ、https://global.canon/ja/event/skating/interview/2015_2016/hanyu.html
- 「The psychology of the to-do list – why your brain loves ordered tasks」The Guardian、https://www.theguardian.com/lifeandstyle/2017/may/10/the-psychology-of-the-to-do-list-why-your-brain-loves-ordered-tasks
- 「iPodの累計販売台数、1億台を突破」Apple、https://www.apple.com/jp/newsroom/2007/04/09100-Million-iPods-Sold/

参考文献（順不同）

- 『アインシュタイン150の言葉』ジェリー･メイヤー、ジョン･P.ホームズ編、ディスカヴァー21編集部訳、ディスカヴァー・トゥエンティワン
- 『具体と抽象』細谷功著、dZERO
- 『超一流アスリートが実践している本番で結果を出す技術』児玉光雄著、文響社
- 『孫社長にたたきこまれた すごい「数値化」仕事術』三木雄信著、PHP研究所
- 『幸福優位７つの法則』ショーン・エイカー著、高橋由紀子訳、徳間書店
- 『Hamlet』William Shakespeare著、Oxford University Press
- 『Disrupt You !』Jay Samit著、Flatiron Books
- 『仕事観が変わる！ビジネス名言550』西東社編集部編、西東社
- 『私の脳科学講義』利根川進著、岩波新書
- 『すぐやる人は、うまくいく。』中谷彰宏著、学研プラス
- 『レバレッジ・リーディング』本田直之著、東洋経済新報社
- 『競争と協調のレッスン』アダム・ガリンスキー、モーリス・シュヴァイツァー著、石崎比呂美訳、TAC出版
- 『敵を味方に変える技術』ボブ・バーグ著、弓場隆訳、ディスカヴァー・トゥエンティワン
- 『ANGER IS AN ENERGY』John Lydon著、Simon & Schuster
- 『やり抜く力』アンジェラ・ダックワース著、神崎朗子訳、ダイヤモンド社
- 『400のプロジェクトを同時に進める佐藤オオキのスピード仕事術』佐藤オオキ著、幻冬舎
- 『走り方で脳が変わる！』茂木健一郎著、講談社
- 『堀江貴文 人生を変える言葉』堀江貴文著、宝島社
- 『僕はミドリムシで世界を救うことに決めました。』出雲充著、ダイヤモンド社
- 『ジェフ・ベゾスはこうして世界の消費を一変させた』桑原晃弥著、PHP研究所
- 『イーロン・マスクの言葉』桑原晃弥著、きずな出版
- 『コーチングのプロが教える「ほめる」技術』鈴木義幸著、日本実業出版社
- 『ザ・ゴール』エリヤフ・ゴールドラット著、三本木亮訳、ダイヤモンド社
- 『「苦手な人」とのつき合いがラクになる本』水島広子著、大和出版
- 『カーネギー名言集』ドロシー・カーネギー著、神島康訳、創元社
- 『20代のあなたに、会社が期待していること』相原孝夫著、ダイヤモンド社
- 『アップルは終わったのか？』前刀禎明著、ゴマブックス

[**著者**]

青木聡（あおき・さとし）

医学博士

JAPAN MENSA、ISI-Society、HELLIQ Society会員

1984年、宮城県生まれ。東北大学医学部医学科卒業、東北大学大学院博士課程修了。20代のある時、人口の上位2%の知能をもつ人の交流グループ「MENSA」（IQ≧130）の存在を知り、テストを受けたところ合格。それをきっかけに、「知能」を自覚的に使い始める。以降、それまで苦手意識のあった人間関係をうまくコントロールすることで、思い通りの成果を出せるようになった。その後、ISI-Society（IQ≧148、創作活動）、HELLIQ Society（IQ≧160）にも入会。2019年からは、米国名門Yale大学に留学予定。

MENSA、ISI、HELLIQに所属する

天才のパターン思考

――2時間で知能が高まる「思考の技術」

2018年12月12日　第1刷発行

著　者――青木聡

発行所――ダイヤモンド社

〒150-8409　東京都渋谷区神宮前6-12-17

http://www.diamond.co.jp/

電話／03･5778･7232（編集）　03･5778･7240（販売）

装丁――――井上新八

本文デザイン－大谷昌稔

製作進行――ダイヤモンド・グラフィック社

印刷・製本―勇進印刷

編集協力――狩野 南

編集担当――武井康一郎

ISBN 978-4-478-10660-0